変わる勇気

～見失った心を取り戻す～

内山エナ

Uchiyama Ena

ヒカルランド

愛でいてください

はじめに

自分の軸で自分の人生を生きたい。

自分軸ってなんだろう、わたしは「いつも平和でいたい」。


何が起きても感情に振り回されずにいたい。

そして、人の心の痛みを知るわたしになりたい。

穏やかで落ち着いて平和でいることがわたしの自分軸だと知ってから、長い間そうなることだけを願ってきました。

あなたが同じ思いなら、きっとわたしの通ってきた道があなたの道標《みちしるべ》になるはずです。

あなたとあなたの毎日が「平和」でありますように。

contents

第3章　もう使わない♡

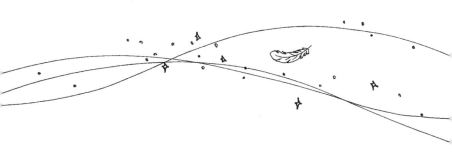

第4章　他人の舞台に上がらない

第5章　すべては自分の中にある

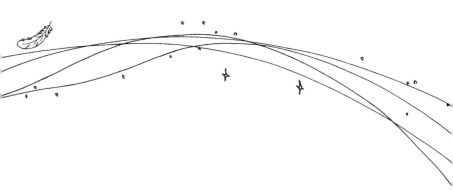

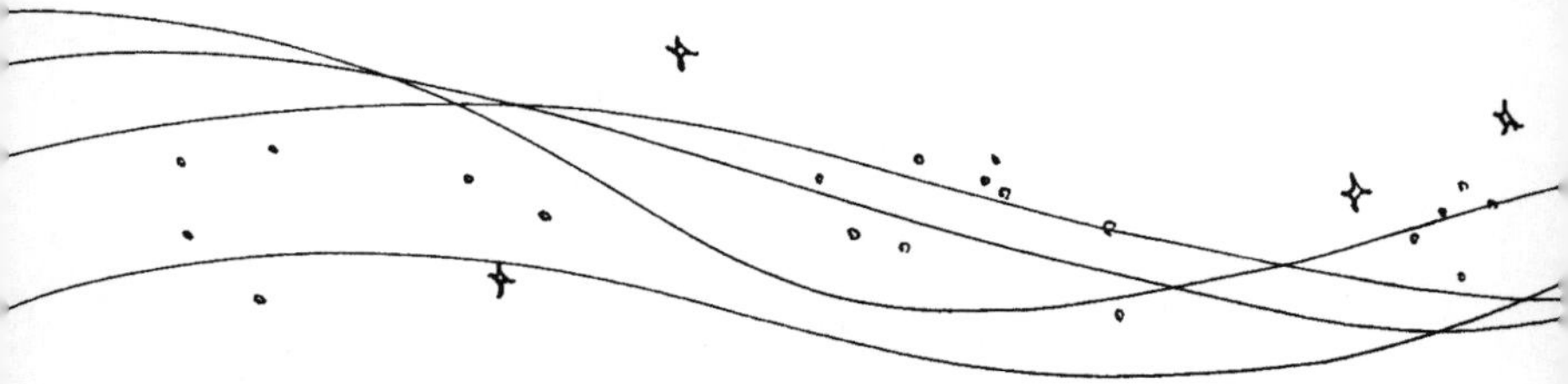

装丁　三瓶可南子
カバー写真　hanabusa
本文イラスト　大野まみ
校正　鷗来堂

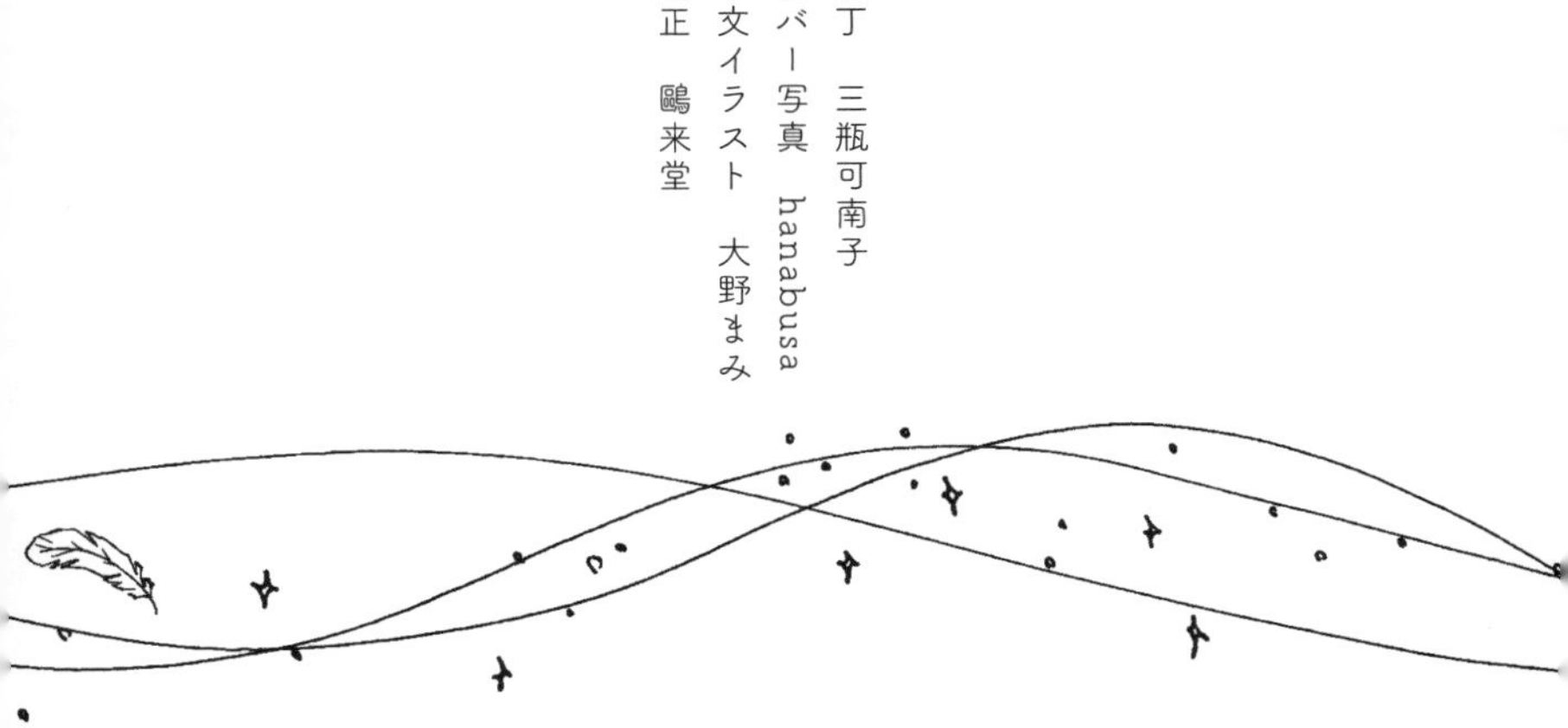

変わると決める

◆心と感情を整えていく

わたしがお伝えするのは成功論ではありません。

スピリチュアルで言うところの引き寄せ、具現化でもありません。

ただ、あなたが穏やかに平和で過ごす。

そして「あなたの人生を存分に生きる」ことをお伝えしています。


毎日、人間関係、仕事、子育て、忙しい日常の中で、あなたは自分を見失っていませんか。

一日中、仕事や家事が忙しく、落ち着く暇もなくバタバタと過ごし、少しのことでイライラしたり、喜んだりと、感情のアップダウンに振り回されて夜には疲れ切って自分の時間なんて持てないままに、また次の日を迎えるということを繰り返していることでしょう。

仕事場と家の往復で、仕事に追われ、人間関係に疲弊して、一息ついて自分を見直す暇もなく、夜は眠りにつくまで頭と心は忙しく、自分にダメ出しをして、次の日の朝は「どこにも行きたくない、このままベッドの中にいたい」と思いながらも眠い目をこすりながらなんとか起きる。

片頭痛に肩こり、慢性疲労、友人の会話は愚痴かマウンティング、ストレス解消のために出掛けても却って疲れてしまう。でも、休日家にいるだけだと廃人になったみたいな気持ちになってしまう。何がしたいのか、どうしたいのか見えない日々、電車の窓に映る疲れた自分に、「もう何にもしたくない、どこかに逃げてしまいたい」と思ったこともあると思います。そんな毎日の中で、時には急に怒りたくなったり、泣きたくなったりと自分ではどうにもならないくらい、感情に振り回されることがあるかもしれません。

反対に何に対しても無関心になり、自暴自棄になることもあるかもしれません。

感情は性格によるものだから自分ではコントロールできない。

心配症、怒りっぽい、嫉妬深い、疑い深い、ネガティブでマイナス思考、くよくよ考え込んでしまうなど、自分の性格だと思っている考え方や思い癖、感情の起伏を「どうにもならない」と多くの人が思っています。

人の顔色を見ていつもビクビクして、身構えていて本当は何が好きなのか、どうしたいのかわからない、自分がわからない、出来事と感情に振り回されて生きているのはとても苦しいものです。

あなたの毎日が辛いのは、あなたの性格が問題なのではありません。

誰もがそうだから仕方ないのではありません。

現実と呼ばれるこの世界と感情の「仕組み」を知らないだけです。

過去、わたしの心はいつも殺伐としていました。

どうしてこんなにも息をするのが苦しいのだろう、家族も人もどうしてこんなにもいじわるなのだろう。

わたしは感情を持ってはいけないのだと思っていました。

感情が無くなれば良いと思っていました。

ただ無機質に何も感じないで生きることができればそうしたい、今この瞬間にも消えてしまいたい。

でも、本当のことを知りたい。

わたしは幸せになりたい。

幸せってなんだろう。

お金があるから、恋人がいるから、結婚しているから幸せなのかな。

幸せは条件付きのものなのかな。

そもそも幸せとはなんだろうとずっと考えていました。

長く迷走し、「心と感情を整えること」こそ、本当の幸せなのだとわかりましたが、その方法がわかりません。

そして試行錯誤を繰り返しました。

長い迷路から抜けた時、わたしは「今この瞬間が幸せで平和」だったのだと知ったのです。

今、わたしはわたしを取り巻くすべてを心から愛しています。

息苦しかった過去もすべて愛しています。

あなたは、
・お金を稼ぐことが大切で、そのためには嫌なことも我慢しなくちゃいけない。
・苦手な人、嫌いな人がいる。
・お金の不安があるから節約をしてなるべく安いものを買い、欲しいものは我慢する。

・でもたまに爆発して衝動買いをしたり、暴飲暴食をしたりと自分を見失う行動をして後悔して自己嫌悪に陥る。
・テレビやインターネット、周りの人からの情報に振り回されて何を信じたらいいのかわからない。
・人や物事に期待をして、裏切られていつも満たされない。
・もっともっと頑張らなくちゃと思う。
・人から怒られたり中傷されたり、どうして世の中こんなに苦しいのかと感じ、周りにいる人は自分勝手で噂好きの人ばかりで、もううんざりする。
とこんな感じではないですか。
あなたに限らず「人間」とは多かれ少なかれこういうものです。

現実と感情の仕組みを理解しあなたは心と感情を整えていきます。
心と感情を整えることで、
いつも落ち着いて物事に対処できるようになります。
自分がどうしたいのかがわかります。
「自分にとっての幸せ」がわかります。

他者には、他者の人生があることがわかります。

これまで感じたことのない感謝や愛が溢《あふ》れてきます。

すべてに対して愛を持って接することができるようになります。

広い視野で多角的に物事を見ることができるようになります。

生活が丁寧になります。

ストレスがなくなります。

「あなたらしく生きること」ができるようになります。

どのようなことが起きても平和な自分軸で、愛を持って生きることができるようになります。

必要なのは「変わりたい、必ず変わるんだ！」という気持ち。この気持ちさえあれば性格、生き方は必ず変わります。

◆わたしは変わると決める

「わたしは変わるんだ」と決めてください。

「あなたらしく生きる」そのために大切なことが２つあります。

1つ目は「自分にダメ出しをしないこと」です。

本当に皆、自分にダメ出しが得意です。

「変わろう」と決めたのに「ダメ出し」をしていたら、誰があなたの味方になってくれるのでしょう。いきなり大きな変化を起こして別人になるのではなく、着実な一歩を積み重ねてあなたは「なりたいあなた」になっていきます。その過程は最初はささやかなものですから、小さな変化を認めて、受け入れていきます。

けれど自分にダメ出しをしていると、その変化を見逃してしまうことになります。一生懸命がんばっているあなたに「出来ていない、ダメだ、まだ全然だ」と鞭を打たないでください。

2つ目は「楽しんでください」。これから「何がなくても幸せ」という気持ちになっていきます。

「幸せ」への道は「楽しく」進んでいきましょう。

◆ネガティブなマイナスの感情はあなたを壊す

人生は苦労の連続、人生山あり谷あり、苦労人という言葉まであります。

古代ギリシアの哲学者ソクラテスは「簡単すぎる人生に、生きる価値などない」とまで言ったそうです。

そのくらい、生きることは「大変」で、むしろ「人生は苦しい方が価値がある」ようにも受け取れます。

「苦労」して「大変」な人生を体験するために必要な感情があります。

怒り、不安、悲しみ、憎しみ、苦しみなど、ネガティブと呼ばれる感情です。

「怒りが起爆剤になって一念発起する」「悔しいという気持ちがないと勝てない」「憎みすぎて眠れない」「辛くて生きていけない」「絶望」などこれらネガティブな感情には大きな力があります。

この強い力はあなたの心をメッタ刺しにします。

あなたはこの感情を感じている時には、自分以外の他者や物事に向けていると思っているかもしれませんが、そうではありません。

この大きな力を持つ感情はあなたの心で暴れています。「頭にきた」、「悔しい」、「憎い」と、この強い感情を感じ続けているのはとても苦しいものです。

いつの間にかあなたの心は「頭にきた」、「悔しい」、「憎い」という思いに支配され、寝ても覚めても追い詰め、酷い時にはあなたを病気にし、遂には命を殺してしまうこともあります。

ネガティブと呼ばれる強い力のある感情は、人の命を殺すところまで追い詰めていきます。だからもうこれらの感情は使ってはいけないのです。

あなたを苦しめるネガティブな感情はもう使わないと決めてください。

これまで試行錯誤を繰り返してきたわたしは、様々なメンタルトレーニングを行いました。

感情に蓋をしてしまうと心がパンクしてしまうから、ガス抜きをするために「怒る時にはちゃんと怒る。悲しい時にはちゃんと泣く」という手法があります。

「ちゃんと感情を出す」というメソッドをしていた時には「とても疲れました」。

毎日感情の全力疾走とアップダウンでヘトヘトになり、喜怒哀楽をはっきり出すので、ただの「感情の起伏の激しい人」になっていました。

わたしはいつも何が起きても「平和な心」でいたかったのに、全然違うところに来てしまったと思いました。

「ネガティブな感情を感じないで、ずっと平和で幸せでいる方法が知りたい」と試行錯誤しながら、ある時に「わたしを傷つけるネガティブな感情はもう使わない」と決めました。

知っていましたか？　感情は自動的に感じるものではなく、実はあなたが選んで使っているのです。

「あんなことを言ったら怒って当然」
「あんなことがあったら驚くはず」
「そんなことを聞いたらうらやましくて仕方ないに決まってる」

そうでしょうか。

同じことを見て、聞いた時に、人の感じ方はすべて同じでしょうか。

例えば、エスカレーターを駆け上がる人を見て「あぶない！」と思うか「急いでいるのね」と思うか。

肩がぶつかって「気をつけてよ」と思うか、「あら、ぶつかったのね」と思うか。

感じ方は人によって違います。

と、いうことは考え方ではなく、ネガティブな感情を選ぶことが問題なのです。

最初は感情を扱うことに慣れませんが、それは仕方ありません。

丁寧に感情を扱って整えていきましょう。

そのうちに「わたしは、自分が大切だからもう自分を苦しめる感情は使わない」と心から思うことができるようになります。

◆条件付きの幸せを生きている

自分の心や感情を見ることを「自分の内側を見る」と言います。

その反対に友人、仕事、家族、家、肩書きなど自分を取り巻くすべてを「自分の外側」もしくは「現実」と言います。

長い間「自分の外側」である「現実」を良くすること。それこそが幸せであると思い込んでいました。

わたしたちはいつも現実にあるものに幸せの基準を置いていたのです。

だから幸せはいつも条件付きでした。

良い学校に入り、有名な会社に就職し、結婚して、家を持って、子供をつくることが幸せ。

お金を持って、欲しいものは何でも買えることが幸せ。

高学歴、高身長、高収入の彼がいるから幸せ。

美人だから、スタイルが良いから、結婚しているから、子供がいるから、お金があるから、海外にたくさん行けるから、と人より良い条件が揃っていることが幸せだと思っていました。

だから自分より良い条件の人を見ると、悔しくなって競い合ったり、蹴落とそうとしたり、自分だけ得をしようと画策したりします。

そんなことをずっと繰り返してきました。

本当の「幸せ」とは誰にとっても紛れもなく「わたしらしく生きること」です。

「わたしらしく生きるなんて、そんな自分勝手なことをしたら周りから嫌われる」

「わたしらしく生きるだけじゃ、幸せになんかなれない」と思うでしょう。

あなたらしくとは、「純粋な自分を取り戻して生きること」です。

あなたを取り戻すことはあなたの中の「純粋さ」を想い出していくことです。

澱《よど》みがないから、あなたは完全に自己を受け入れ、赦《ゆる》し、愛することができるようになります。


純粋な自分を想い出していくから心はいつも幸せで平和になります。

いつも何が起きても平和であるという自分軸で生きるから、あなたの見る現実も平和になっていきます。


人は皆、心を見失いすぎました。

好きなことがわからない、やりたいことがわからない、誰かに導いてもらわないと、誰かに頼らないとどうしたらいいのかわからないのです。

心を見失っているからそうなります。

だから「心を取り戻すこと」が大切なのです。

心を取り戻して行くと、その奥にあった「本当の自分の気持ち」に気付いていきます。

本当の自分の気持ちに気付くから、満たされます。満たされた心には、愛と感謝が蘇ってきます。

この愛や感謝は自分の中から湧き上がってきたものですから、本当の意味で自分を満たしていくことができます。

これまで、親、友人、パートナー、ブランド品、お酒、食べ物、そういうものに依存して一見「満たされた風」で自分をごまかし、けれど本当は満たされていないから突然衝動的な行動をとったり、感情を爆発させたりを繰り返す「空っぽのあなた」ではなく、「わたしはちゃんとわたしを幸せに出来る」と知ってください。

あなた自身を癒やし、受け入れ、愛する方法を知るから息を吸って吐くように、人を愛し、受け入れることができるようになります。

あなたは今まで自分が空っぽだったから、どうしたら良いのかわからなかっただけです。

だからまずはあなたの心を完全に満たしていきましょう。

あなた自身を愛し、受容していくと、あなたは自分を肯定することができるようになり、意識が変わります。

意識が変わるから、考え方が変わり、物の見方が変わり、言動が変わります。

あなたが変わるから、あなたの見る世界、生きる世界が変わっていくのです。

◆あなたの人生はあなたのもの

「あなたの人生はあなたのもの」です。

けれど、ひも解くとあなたの人生は「誰かからの期待と、自分への期待で出来ています」

誰かからの期待は、親、学校、会社、社会から「こうなって欲しい」と望まれるあなた。

自分への期待は、何者かになろうとすることです。

親や社会で求められる良い子、良い人という自分ではない何かを追い求め、周囲の期待に応えることが自分の存在価値だと思いこみ、自分を認めてもらうために、愛してもらうために、嫌いなことも、苦手なことも自分を殺して頑張ってきました。

自分がどうしたいのか、何をしたいのかがわからないから、まったく見当違いの場所で「できない、苦しい」を繰り返します。

大人になっても自分に期待をして資格、昇進など自分へ負荷を課して苦しめます。

仮にあなたが「やりたい、好きだ」と思っていても「誰かと競う」「誰かと比較する」という気持ちがあれば、「好きだから」という「純粋な思い」に「負けたくない」「勝ちたい」さらに「相手が挫折したらいい」などの様々な感情が入り込み苦しくなります。

わたしたちは、わざわざたくさんの感情を駆使して人生や考え方を辛く苦しいものにしています。

現実はたくさんの人が一緒に生きています。

一人一人に人生があります。

人生は学ぶためにあると言いますが、本当はそうではありません。

この世界は現実という出来事の中で、感情を「体験、経験」するための世界です。

実はわたしたち人間は、感情を体験することが楽しくて仕方ないのです。

それはあなたの親も、友人も、子供も、パートナーも、学校や会社の人も同じです。「そんなはずはない」「こんな苦しい感情を感じることがしたいわけがない」と思いますよね。

本当にしたくないことなら「やめることができます」。でも、「人間だから感情があるのは当たり前だ」と誰もが言います。

でも、この本を読み進めるうちに**自分で感情を選んでいること**、**感情の取り外しができること**がわかってきます。

どのような感情も味わい深く「わたしの人生を彩ってくれたんだ」と感謝の気持ちがわいてきます。

たくさんの彩り豊かな感情を体験するために、それぞれの人生のストーリーがあります。

つまり感情は人生を味わうための「スパイス」です。

いつも「平和」でいるためには、この「スパイス」を自分好みに整えて行けば良いだけなのですが、平和を取り違えて「ニセの平和」を得るために、誰かの人生や物事をコントロールしようとしています。

「こうしなさい」「そんなことをするべきではない」「そんなことは言うべきではない」「態度を改めなさい」

誰でも自分の生き方を指図され、否定されるのは気持ちの良いものではありません。たとえあなたが「絶対こうしたら、この人のためになる」と思っても、相手にはあなたとは別の人生があります。

その人の人生はその人のものです。

「でも、会社や家庭で一緒に暮らしているとそうはいかない」

「大切な友人だから幸せになって欲しい」と思うでしょう。

この時、あなたの中に「自分にとって都合良くなって欲しい」という「期待」と「わたしの思う様にしたい」という「コントロールしたい」という気持ちがあります。

「期待」や「コントロール欲求」という、**人や世の中を自分の思う様にしたい**という気持ちがあるといつも落ち着きません。

駅についたらすぐに電車が来て欲しいという「期待」。

買い物に行ったら欲しいものが割引されていて欲しいという「期待」。

子供が望む様に育って欲しいという「期待」。

電車が来なかったら、割引がされていなかったら、子供が望む様に育たなかったら、あなたの「外側」である「現実」が期待通りに整わなかったら、あなたの感情は揺れ動くでしょう。

電車はあなたにいじわるをして来ないのではありません。あなたにいじわるをして割引がされていないのでもなく、子供にはあなたと同じ様に人生があります。

ワイドショーや各種のニュースから噂話に至るまで、わたしたちは起きる現実のすべてを自分の人生に引っ張り込んでしまう癖があります。

外側である現実を見て、「わたしの方が優位だ」、「わたしの考え方が正しい」と思うことで自分が認められたように思い、まるで心が満たされたように感じるのです。

でも、人の心を本当に満たすものは、**本質の愛や感謝**などの柔らかい優しい感情ですから、すぐにまた心が空っぽになってしまいます。

わたしたちは「イライラする」、「嬉しい」などの表面的な感情は捉えられますが、その下にある大切な「本当の思い」と向き合うのが苦手です。

弟を持つお姉さんが「弟ばかり可愛がられる、弟が嫌い、弟だけ可愛がった親が嫌いだ」と弟とも親とも折り合いが悪いとします。

「その嫌い」に、本当は「もっとわたしを見て、話を聞いて、わたしも可愛がって」という寂しさ、孤独が隠れています。

たくさんの感情を体験したいはずなのに、「自分の内側の感情」と向き合うことは苦手です。

「寂しさ、孤独」を認めると「自分は愛されるに足りない存在だ」「弟の方が可愛くて優秀なのだ」と思考が誤作動を起こします、そこに触れるのが恐いのです。

「弟が嫌い」「親が嫌い」としておけば、自分の感情を見なくて済みます。

これは「出来事や現実の方にこそ意味があるのだ」という根幹があるからです。

わたしたちは「無価値感」という「わたしは価値がない存在だ」という感情を根強く持っています。

「無価値感」という感情は「わたしには価値がない」と思わせるものですが、反対に他者や出来事を攻撃するものでもあります。

そのために「無価値感」は、

「悪いのは相手だ」＝「わたしは正しい」

「現実を思う通りにコントロールしたい」⟷「言う通りに動いてくれないのはわた

しを軽んじているためだ」

など、出来事を複雑にしていく資質を持っています。

ネガティブな感情には、**他者を攻撃する「陽の側面」**と**自分を攻撃する「陰の側面」**があります。

「無価値感」という感情の「陰陽」を使い回して、人間は争っていることがとても多いのです。

わたしは色々な相談者さまとお会いします。その中には「どうしたら（パートナー、子供が）変わってくれますか」というご相談があります。

このご相談は「どうしたら、わたしにとって都合が良いように、相手（現実）をコントロールできますか」つまり「わたしが支配したい」ということです。

その時には「相手ではなく、あなたが変わってください」とお伝えします。

そうすると「変わるなんて、そんな難しいことはできません」とおっしゃいます。

「難しいのですね。その難しいことを相手にさせようとしているんですよ」とお伝えします。

最初に「わたしは変わると決めてくださいね」とお伝えしたのは、生活をしていれば色々な場面にでくわし、相手や出来事を思う通りにコントロールしたくなる気持ちが、フワっと浮かぶことがあります。

その時にもう一度ちゃんと自分に向き直るためなのです。

相手には相手の人生があるのだ。

「変わるのはわたしだ」と。

この思いが先々で「他者の生き方を尊重し敬意を払う」ことへと繋がるのです。

◆その人はいない　噂話や悪口は空想のストーリー

わたしたちはたくさんの人と関わり合って生きています。

「あなたの家族はどんな人ですか」

「同僚はどんな人ですか」

「会社の上司は？」

あなたは家族について、同僚について、会社の上司について「こういう人です」と話してくれるでしょう。

でも、あなたが話すその人は、あなたの家族でも、同僚でも、上司でもありません。

家族や、同僚や、上司はいない、存在しないと言っているのではないのです。

今あなたが説明してくれた「その人」は、あなたが自分の考え方と価値観とものさしで創り上げた想像上の人物です。

もちろん、その人を構成する断片ではあるかもしれませんが、「ほぼ架空の人物」です。

特に苦手な人、嫌いな人の場合は、あなたは片時も忘れずにその人のことばかりを考えてしまい、架空の人物にどんどん味付けをしてより脅威な存在に仕上げていきます。

カフェや、レストランで話している内容を聞いてみると、たくさんの人が世間話や噂話をしています。

噂に上る人は架空の人物で、そこにまつわる話は架空の、想像上のストーリーです。

つまり「自分の考え方」と「価値観」と「ものさし」で創り上げた想像上の事柄や人物を「あぁでもない、こうでもない」と話しているだけなのです。

すべては架空のこと。

だから人から悪口を言われることなどは気にしなくて良いのです。

それは「あなた」ではないからです。

ほとんどの人が「わたしはどうしたいのか、何がしたいのかわからない」と言います。

「わたしのこと」がわからないのに、他人のことがわかるはずはありません。


人間は一側面だけを見ることが得意です。

一側面だけを、「自分の考え方」や「ものさし」で測ります。

新聞やニュースもすべてが嘘な訳ではないですが、わたしたちが知らされているのは、出来事の断片でしかありません。

この断片の一側面だけを「自分の考え方」と「ものさし」で見ています。

さらにニセの情報が、あたかも真実のように流布されていることもない訳ではありません。

テレビやインターネットなどに出回る情報は、制作に関わる人々によって情報操作が当たり前のように行われています。

週刊誌の売り上げ、ネットのアクセス数、視聴率などは扇情的で、衝撃的な内容の方が人の興味を引き、ビジネスになるからです。

つまり、今のあなたの世界は架空の人々と架空の世界を生きているようなものです。

この世界で唯一真実と呼べるのは「あなたの心がどう感じているか」だけです。

「わたしがどう感じるか。どう思うか」に焦点を当てていきましょう。

あなたがどう感じるか、どう思うかがこれからあなたの真実になっていきます。

あなたは自分の足でしっかりとここを生きていきます。

真実はあなたの心にしかありません。

あなたがするのは「純粋なあなたに戻ること」だけです。

◆それぞれが経験したい、体験したい世界で生きている

同じ出来事を通して、それぞれの人が経験したい、体験したい世界を生きています。

先ほどのエスカレーターで走って上がる人を見た時「危ないな」と思うか、肩がぶつかった時には、「あら、ぶつかったのね」と思うか。

あなたの経験したい、体験したい世界を生き、あなたの人生をストーリー仕立てに彩っていくのは「感情」です。

「どのような感情」で「出来事を体験するか」です。

病気は「辛い」のが「当たり前」なら、あなたは病気の時に「辛い」を経験します。

病気でも「平和」であるのなら、あなたは病気の時に「平和」を経験します。

一人は「寂しい」と思うなら、あなたは一人の時に「寂しい」と感じます。

一人は「自由だ」と思うなら、あなたは一人の時に「自由」を感じます。

病気だから「辛い」一人は「寂しい」は当たり前でも、性格によるものでもないのです。

あなたが選んでいます。

あまりにも瞬間的に感情を選ぶので、選んでいることがわからないのです。

選んでいることを知らずに「わたしはこういう性格だからどうしようもないんです」「どうにもならないんです」「こんなことをされたら、辛いのは当たり前です」と決めているだけです。


さらに実はポジティブよりもネガティブの方が断然選びやすいのです。

「ハッピーなことを考えるよりも、不安でいた方が楽」

「ポジティブな状態を維持するのは難しくてネガティブな方が安心する」

人はポジティブな状態よりネガティブでいる方がなじみ深いのです。

これは実は重力も関係しています。

「重い話なんだけど」「それ、重いよね」という言葉からわかるようにネガティブな感情は「重い」のです。


地球には重力があるので、天秤は重い方に簡単に傾いてしまいます。

これと同じです。

だから重い感情の方へ引っ張られやすいのです。

「モノは考えようだ」とか「受け取り方次第だ」という言葉があります。

もちろんその通りですが、「こう考えたら、こう受け取ったら楽だった」と頭で考えて、気持ちを押し殺して、無理に納得させては本当の気持ちからズレていきます。

気持ちを押し殺して、感情に蓋をして、物わかりの良い振りをするのはこれまでの生き方です。

抑え込んだ感情が蓄積して、爆発して、苦しい思いをしたことがあるはずです。

知って欲しいのは、「感情は選ぶことができる」ということ。

怒りや悲しみ、苦しみというネガティブな感情を「コントロールするのではなく」

あなたを苦しめる感情はもう選ばずに**自分の中から失くしてしまえばいいのです**。

ためしに、最近あった嫌な出来事を思い出してみてください。

そして、出来事ではなく、感情に集中してください。

そうして、心の中で良いので感情を「横に置きます！」と具体的に手を使って、心から「その嫌な感情」を取り出して、あなたの脇に置く動作をしてみてください。

どうですか？　少しだけスッキリしませんか？

これは感情が取り外しができる証拠です。

取り外しができるということは、あなたは感情を持って使っているだけです。

これまで慣れ親しんだ、持っていた感情を取り外して、純粋なあなたへ戻り「平和」で居続けることは、やり方さえ知れば誰にでも出来るのです。

◆「何者かになろうと」奮闘して生きている

何者かになろうとしていませんか。

「こんな自分では足りない」、「まだまだだ」、「もっと成長しないと」と、自分に鞭《むち》を打って努力して、自分を変えるために頑張ってきたはずです。

世の中にはたくさんの情報が溢れています。

その情報の洪水の中で、「自分を変えたい」、「自分磨きをしたい」、「人間関係を良くしたい」、「ポジティブなわたし、明るくて友達がたくさんで、社交的で、仕事も成功してキラキラなわたしになりたい」と自分ではない、何かになろうとしていたはずです。

自分には何もない。

何もないという空虚な心を、資格や肩書きで埋めようとします。

自分を満たすために「外側という現実から」何かを得ようとします。

だから、いつも誰かと自分を比較して嫉妬をしたり、マウントを取ってみたりと気持ちをすり減らしてしまいます。

自分をねじ曲げて、あなたではない違う何者かになるという方法が成功しているのならば、今のあなたはこんな風に苦しくないはずです。

お医者さんになるためには今は「お医者さんの資格」は必要です。「資格」はその先の「お医者さんになって研究をしたい、苦しんでいる人の病気を治したい、医師不足の国に行きたい」などの目的へ向かうための手段です。

けれど、自分には「何もない」という不足感を埋めるために様々な資格を取ることがあります。

世界には色々な資格がありますが、わたしは特殊な職業を除いて、資格よりも「気付きとコツと場数」が必要だと思っています。

現在までに「心と感情を整えるためのワークショップ」を100回以上開催していますが、わたし自身たいした資格を持っていません。

資格よりも**自分の気付きがどれだけ大切か**を知っているからです。

「心と感情を整える方法」は試行錯誤をしながら、誰もが実践できる基礎とステップを自分で作りあげました。

現在は現役のお医者さん、心理カウンセラーさん、大学教授、小学校の先生や心理学の専門家の方もわたしの講座を受けられています。

資格制度を設けない理由は「資格」というゴールを設けることで、それを得ることで満足してしまうからです。

「資格」はあなたが「向かいたい先」への「通過点」にしか過ぎません。

資格があっても、それを使わないでただの肩書きにしてしまうより、「好きだから、やりたいから」という純粋な思いでいる方が、あなたの未来は未知数に広がり心は豊かになっていきます。

あなたは何者かになるのではなく純粋な自分に戻るのです。

じゃあ、「自分」ってなんでしょう。

「自分探し」というフレーズがあるくらい、自分がわかりません。

「心の声を聞き、本当のわたし、ありのままの自分で生きる」ことが自分を生きることです。

もちろんそうなりたい。

「でも、どうしたらいいの?」

自分は探すものではなく、ネガティブな感情を取り外していくと自然に現れます。

まずは冷静になって、落ち着いて、リラックスしましょう。

鍵は「落ち着いて、リラックス」していることです。

わたしどうしたいの？

◆心と感情を整えて成熟した人間性を養う

今、わたしは「心と感情を整えるためのワークショップ」と「個人セッション」を多く開催しています。

これらは「キラキラとした生活」や、「お金を稼ぐこと」、「名声を得ること」、「仕事に成功すること」つまり、「自分の外側」という「現実」を整えるための「引き寄せや成功、具現化」を目的にしていません。

目的は心と感情を整えて「成熟した人間性」を養っていくことです。

「成熟した人間性」は、

・いつも冷静で落ち着いて平和です
・自分と他者を比べません
・自分に誠実でいます
・多角的に物事を見ることができます
・人を否定し、批判しません

・他者の人生を尊重し敬意を払います
・情報、出来事に左右されません
・感情のまま行動しません
・自己責任の意味を知っています
・現状で満足しないで、もっと成長しようとしています

人間は「大人」になったから自然に「成熟」するものではありません。

もし、「大人になって人間性が成熟」するならば、「遺産相続争い」「職場のいじめ」「連日報道される事件」などが起こるはずないのです。

わたしはどの人も紛れもなく「自分に誠実でありたい」「悩みごとはなくしたい」なによりも「心が安らかで平和で幸せでいたい」と思っていると知っています。

でもその方法がわからないだけです。

そのために、まずは冷静になって落ち着いて、リラックスしていきましょう。

◆冷静で、落ち着いて「リラックス」していること

日々の生活を振り返り、「落ち着いて」いることはありますか。

ほとんどの人が毎日、バタバタとして、気忙しくて寝る前まで落ち着くことができずにいます。

まず「冷静で、落ち着いている状態」を体感として心に覚えてもらいましょう。

どの方も、まず「日中は落ち着いていられません」「仕事の時は無理です」「子供が小さいから無理です」と言います。

わたしには子供はいませんが2匹の犬がいます。子供に比べたら手のかかる率はまるで比較になりませんが、家の中でおトイレをしないので、暑い日も、台風の日も1日に3回お散歩に行きますし、老犬で様々な病気があるので動物病院などを含めた体調管理はかかせません。家族がいるのでスーパーに行きます。毎日夕飯を作ります。掃除も洗濯も毎日しています。ワークショップに個人セッション、執筆などの仕事をしています。

あなたと何一つ変わらない毎日です。

この日常を落ち着いて過ごさないなんて、そんな恐いことわたしにはできません。

冷静で落ち着いているから、忙しい朝も平和です。

冷静で落ち着いているから、仕事も楽しく、色々な情報や出来事、感情に振り回されることがありません。

「冷静で落ち着いている」ことは、「リラックス」へと繋がっていきます。

「リラックス」は身体や心が伸びやかで、張りつめていない状態のことで、「緊張」とは真逆の状態です。

生活の中でいつも緊張しているわたしたちは、頭痛、肩や首のこり、その他様々な症状に悩まされています。

特に怒り、悲しみ、悔しいなどの強い感情は、悔しくて夜も眠れない、悲しくて食事ができない、日中もずっとそのことばかり考えて、わたしたちを支配します。

感情を自分で選んでいく、そのためには**リラックスすること**です。

リラックスはわたしたちの生活でもっとも遠いものでしょう。

たまにはリラックスをしに温泉へ行こう。

マッサージや美容院で「今日はリラックスできましたか」と聞かれるなど、ごくたまにご褒美のように感じるものです。

お散歩でも良いです。

お風呂に入るのでも良いです。

ビールをプハーッと飲むのも良いでしょう。

大好きな音楽を聴くのも良いでしょう。

歌を歌うのも良いでしょう。

両手を上げて「あー、気持ち良い」という状態、その時に今どんな感じがしますか。

あなたの心がふっと軽くなる。スッと楽になる。広がる。

温かい。幸せ。安定している。空っぽな。

どのようなものでも良いです。

それがあなたの「冷静で落ち着いてリラックスしている」状態です。

感情に振り回されないようにするために、冷静で落ち着いている状態つまりリラックスしている状態を心と身体に覚えてもらうことが大切です。

冷静で落ち着いていれば、目の前で繰り広げられることに突っ込んで行かず、一歩引いて見ることができます。

お茶碗を割ってしまっても、落ち着いていれば「あーっ!!」という驚きではなく、「あっ」という小さな感情になり、そのうちに「落ちて割れた」と現象だけを捉えて粛々と淡々と対処することができるようになります。

あ〜気持ちいい〜！
Spa
Beer.
Yoga
Massage.
Bowwow.

「朝は忙しくて、家族や子供の世話、洗濯、自分の用意でとても無理です」

「仕事が忙しくて落ち着いてなんていられません」

毎日の生活のリズムの中でやることはたくさんありますが、心は落ち着いて、手足だけを急いで動かしてください。

「どうしよう、早くしてよ！　間に合うかな」こういった焦りの気持ちがあると苛立つばかりで良いことは何もありません。

却って心ここに在らずの状態になるので、忘れ物をしたり、思いもかけないミスや危険なことも起こります。

急がないでください、仕事もないがしろにしてくださいと言っているのではなく、気持ちは落ち着いて忙しくしていきます。

気持ちが落ち着いているから、出掛ける前にちゃんと窓を閉めたかどうか、夕飯の炊飯器のタイマーをかけたか、子供に忘れ物がないように今日使うものを持たせたか覚えています。

気持ちを落ち着かせて仕事をしているからケアレスミスがなく、丁寧に段取りよく片付けられます。

でも、最初はどのような状態がリラックスして落ち着いているのかわからないので、わたしは一人で散歩やカフェに行きました。

誰かと一緒では気を使ってしまうので、一人というのが大切です。

カフェに行けばたくさんの人がおしゃべりをしています。そんな中で一人でお茶を飲むのはとても落ち着きません。人からどう見られるのかと緊張もするでしょう。

それくらいわたしたちは普段、人からどう見られるかを心配しています。

音楽を聴いたり、好きなものを飲んだりして落ち着いて、リラックスしているのはどんな状態なのかと心を見ながら感じ取っていきましょう。

情報を一旦整理するという意味でデジタルデトックスも大切です。

頭は雑念といわれる考え事をずっとしています。

ああでもない、こうでもないと雑念は本当に働き者です。

さきほどお伝えした様に、ネガティブと呼ばれる感情はとても重たいので、簡単に天秤が傾き、雑念は苦しい想像へ変わっていきます。

あなたは嫌いな人のことをずっと考えていませんか。

嫌だったことを繰り返し思い出していませんか。

寝ても覚めても、あなたは嫌な人のことと、嫌だったことを思い出し、考え続けて、いつしか、今は何も起こっていないのに、目の前に嫌いな人がいて、何かをされているような気持ちになります。

反復して思い出し、あなたはもっともっとその人が大嫌いになります。

「あんなことをされた、こんなことを言われた」

一呼吸して、心臓、もしくは鎖骨の下の胸の真ん中あたりのハートに手を置いて、「もう色々考えない」と頭を空っぽにしてください。

あなたを混乱させる頭の中での出来事を「ああでもない、こうでもない」と考えて複雑にするのはもうやめていきましょう。

最初は静かになったと思っても、またすぐに頭は色々と考え始めます。

わたしは数分置きに「もう、何も考えない」とハートに手を置いて、落ち着いている状態を思いだしました。

「今日はなるべく1日落ち着いていよう。スーパーにも落ち着いて行こう」と、頭を空っぽにして落ち着いて行動することだけを目標にしました。

信号が変わりそうになっても、「慌てない。落ち着いて走ろう」。目当てのお肉が高くても、「落ち着いて違う献立を考えよう」と思い直しました。今までは反射的に、「信号が変わる！　急げ急げ！」「お肉高い！　どうしよう」と反射的に使っていた感情に気付き始めました。

これは感情を整える最初のトレーニングです。

すぐに出来る様になる訳ではないので、日々の日常の生活で行います。

そのうちだんだんと「冷静で落ち着いている」ことが心地よくなっていきます。

◆感情は人生のスパイス

わたしは「人生は学びの道」という考え方をしていません。

「学び」や「学習」という言葉は「勉強」、「学習」と同じ様に堅苦しさが言葉に含まれます。

人生が「学び」だと捉えると、「わたしは、自分の人生で何も学ぶことをしていなかった」「あの人は今回のことで何も学んでいない」などの「自虐的で排他的」なエネルギーになってしまいます。

そんなに深刻にならず、もっと軽やかに生きて良いのです。

そうでないと、物事1つ、1つがおおごとになり、いつか自分も他者にもダメ出しをしてしまいます。

人生にとって楽しいのは出来事を通して、たくさんの感情をスパイスとして「体験」と「経験」をすることです。

人間だから感情を感じるのではなく、あなたは人生に感情という味わい、スパイスが欲しかったのです。

誰かと競争をして「優越感」「敗北感」「嫉妬」を味わいます。

恋人ができて「幸せ」「充実」を味わいます。

病気になって「苦しみ」「絶望」を味わいます。

あらゆる彩り豊かな感情があなたの現実に味わいを加えます。

感情という味わいの他に、人は自分の生きる世界を思う様にしたいという、無価値感から発動する欲望を持っています。

欲望を叶えるために人間は諍《いさか》いをします。

でも、目的は「純粋な自分を取り戻すこと」と、「平和な自分軸」です。

そのために変わるのは相手や現実ではなく、わたしがわたしのために変わります。

何も引っかかりのない穏やかな心の状態はとても楽です。

「絶対にこうした方が相手のためになるのに」とあなたが思っても、相手の人生は相手のもので、本人は生き方を変えることはありません。

ですからあなたは自分の感情だけに責任を持てば良いのです。

◆感情を観察してみる

あなたは1日をどのような感情で過ごしていますか。

朝はお天気が良くてご機嫌、でも、会社に着ていく服にアイロンをかけ忘れてがっかりして、

気を取り直して新しいイヤリングをつけてハッピーになったけれど、

アイロン掛けをしていて電車に間に合わなくてがっかりして、遅刻した会社ではミスをとがめられて落ち込んで、

同僚と噂話をして盛り上がり、苦手な上司に理不尽なお説教をされて頭にきて、仕事終わりは友人に恋愛相談をして勇気をもらい、

あなたは一日中、まるで台風で荒れる海に浮かぶ舟のように、上がったり下がったりする感情の中で生きています。

自分の感情の揺れ動きを知るのは大切なことです。

感情の揺れを見て行くと、お天気で気持ちが良い、アイロンをかけ忘れてがっかり、新しいイヤリングでハッピーなど、あなたは出来事によって感情を左右されているのがわかります。

1日、自分の感情の動きを見てみましょう。

「そうは言っても電車が遅延したら焦るのは当たり前だ」

「理不尽に言われたら怒るのは当たり前だ」

「仕事がたくさんあるから焦るのは当たり前だ」

理不尽に怒られたから頭にくる、忙しいから焦ると、出来事に対して「こうされたら当たり前にこう感じる」と自分で決めています。

わたしは「怒る」必要はまったくないと思っています。

怒る感情の下には「現実や相手を思い通りにしたい、コントロールしたい」という感情があるのです。

あなたは冷静になって落ち着いてください。

「怒り」は1番感情が揺れ動きやすいものです。

相手の怒りに振り回されないで、必要なことを「落ち着いて」行います。

「違う」と思うならば「それは違います」と冷静に落ち着いて伝えます。

自分の「怒り」も同じです。

「軽んじられた、見下された、無下《むげ》にされた、思い通りに行かない」などの感情があるのでしょう。

どのような方法でも良いのです。深呼吸をしたり、「相手には相手の学びがある」と思うなど、あなたを圧《お》し潰しそうに取り巻いているその感情から、一旦離れていきましょう。

「何が起きても冷静で落ち着いて、平和でいる」ために、「出来事と感情に振り回されてしまう生き方」を真逆にしていきます。

そのための最初の一歩として「冷静で落ち着いて、リラックスしている」状態を自分にしっかりと落とし込みます。

最初はすぐにザワザワと落ち着かなくなります。

わたしもあなたと同じ様に、数分で気持ちがザワザワして落ち着かなくなりました。

だから1日何度も冷静で落ち着いている感覚を思い出しました。

1つのやり方として、部屋の中をゆっくり歩きました。

呼吸に意識を向けて、一歩一歩ゆっくり歩いていると、ある場所で気持ちがスッと軽くなります。

そこで、冷静で落ち着いている自分へ戻しました。

突発的なことが起こった時には「わたし落ち着け」「あわてたって仕方ない」「あわ

てどうするの?」と、色々な言葉で落ち着いている状態へ戻る努力をしました。

そうして、一呼吸おいて「平和」でいようと決め直しました。

そのためにすべてのダメ出しをやめました。

たとえ今は目標が無いとしても、「目標がない人生」とはどんなものかという体験をしているのだ。

仕事をしていなくて焦りを覚えても、「焦る」という体験をしているのだなと思いました。

「もっとこうした方が良いのに」と思っても、「そういう自分を体験してみたいんだな」と納得しながら距離を置きました。

現実の世界は、あなたを始めとして、家族、会社の同僚、友人、その他のコミュニティなど、たくさんの人が生きています。

皆それぞれ自分の考え方、価値観、生き方があります。

皆に自分の人生があります。

その上でわたしたちは関わり合いながら生きています。

人々の人生をあなたがコントロールできるはずはありません。

あなたがコントロールしていくのは自分の人生だけです。

あなたは自分の人生の舵《かじ》を誰にも渡してはいけません。

自分に自信が無いのと、人から嫌われたくない気持ちが合わさり、誰かに助言を求め、言いなりになろうとします。

もう、親が、友人が、パートナーがこう言うからという理由で、自分の人生の舵を誰かに託してはいけません。

それをしていたからあなたは必ず自分を見失っていたのです。

◆「〜のため」という呪縛を解いていく

「〜のため」という思いの裏側には「〜のせい」という思いがあります。

子供のために、会社のために、親のために、自分の本当の思いを抑えつけていると、いつか「子供のせいで、会社のせいで、親のせいで」と不満が爆発します。

わたしたちは簡単に計算が働きます。

これまで心の声、本当の自分の声を聞くことをほとんどしていません。

「わたしはいつもやりたいことをしています。悩むこともほとんどないし、決めることもすぐに決められます」と言うかもしれません。

けれど、それは心の、本当の自分の声ではないのです。

ただ、直感と計算が瞬時に働いているだけです。

例えば、
２０００円のステーキランチと１０００円の唐揚げランチの２つのランチがあります。

でもお財布には１０００円が入っているので２０００円のランチは食べられません。

この時に瞬時に計算が働き「唐揚げランチを食べる」と決めます。

けれど、心の本当の声に耳を傾けると「ステーキが食べたい」と言っているかもしれません。

この声を聞いてしまうと、「ステーキが食べたいのに残念、お金を持ってくれば良かったな」などなど、色々な感情が視えます。

先ほどもお伝えしたように人は現実に意味を見出していたいので、こういった様々な感情を見ようとしません。

結果として唐揚げランチを食べることにはなりますが、心の本当の声を聞いてから「ステーキが食べたかったのね、でも今日は１０００円の唐揚げランチをハッピーに食べようね」と自分に伝えると、これまで耳を傾けることをしなかった心の声は「自分の言葉を聞いてくれた」と満足をします。

必ずしも、ステーキを食べなくても聞いてくれたことで心の声は満足します。

心の声の主は「インナーチャイルド」「自我」などと呼ばれ総称して「エゴ」と呼ばれています。

これまで、どんなに心の声が「それは嫌だ、違う」と言ってもあなたは無視をし続けていました。

本当にあなたは自分の声を聞かない天才です。

もう、あなたは自分の感情と向き合う時です。

あなたがストレスなく生きて、純粋な本当の自分に戻るにはその道しかありません。

特に「エゴ」という存在は、感情の要です。

「エゴ」「エゴイズム」は利己主義の意味で使われますが、本当は「わたしという人格の一部」です。

今は、持っている感情を手放していくことに焦点を当てます。そうしていくと、「エゴ」に対する思いも変わっていきます。

「エゴ」についてはのちほどお伝えしましょう。

◆過去の後悔はしない　未来の心配はしない

あなたの意識は過去や未来へ飛んでいます。

「過去、ああすれば良かった、こうすれば良かった」「こんなことをされた、あんなことがあった」と過去に意識を飛ばしても、その過去は今ここには存在していません。

今でさえ、自分の考え方と価値観とものさしで創り上げた、架空の人物と架空の世界を生きているようなものです。過去のことも同じ様にあなたの空想のストーリーでの出来事です。

その出来事は過去に起こったかもしれませんが、そこにあなたの考え方や価値観で様々に味付けがされて、あなたならではのストーリーが出来上がっています。

さらに第三者というあなた以外の人物も関わっているならば、第三者には第三者の考え方で出来上がった別のストーリーがありますから、あなたの心の中で繰り広げられている過去はあなたが独自に創り上げたストーリーです。

あなたにはAさんという友人がいたとします。

いつもなら、お互いになんとなく月に何回かやりとりするのに急に連絡がなくなりました。

あなたは忙しいこともあってAさんへ自分から連絡をしませんでした。そうして何年も過ぎてしまいました。

あなたは「Aさんがわたしを嫌いになったから急に連絡をくれなくなった」と思っていますが、Aさんも同じ様に「あなたが自分を嫌い、急に連絡をくれなくなった」と思っているかもしれません。

ただ「連絡が途切れた」という出来事があるだけで、付随するストーリーはそれぞれが作り上げています。

未来も同じです。

まだ起こってもいないことを「ああでもない、こうでもない」とストーリーを作って心配して不安になります。

あなたは未来のために生きるのではなく、今この瞬間を生きるのです。

わたしもあなたと同じ様に「現実」で生きていますが、意識はこの瞬間だけに100%向けています。

その上でいつも自分の感情に責任を持ち続けています。

今この時の幸せが連続しているので、5分後も5年先の未来も「幸せ」です。

「幸せでない」ともし思ったら、すぐにそのネガティブな感情を手放して「平和」「幸せ」へと戻るだけです。

あなたが自分と向き合い感情を整えるのは「自分を癒やして、平和になること」です。

心と感情を平和へと整えていくから、これまで見ることのできなかった角度で物事が見える様になります。

◆なぜ人を嫌いになるのか

今のあなたには嫌いな人がいるでしょう。

その人はいつもあなたに高圧的です。

わざとあなただけを仲間はずれにします。

いつもあなたに嫌みばかり言ってきます。

あなたは物事の一側面だけを見ることが得意なので、高圧的でいじわるな嫌みな側面だけがよく見えます。

あなたは朝から晩までその人のことをああでもない、こうでもないと考えています。

その人は今この瞬間もあなたの目の前であなたを脅《おびや》かす、高圧的でいじわるな消えて欲しい存在です。

過去、わたしもあなたと同じでした。

いつも、どの職場にも消えて欲しいほどに嫌いな苦手な人がいました。でも、今のわたしには嫌いな人も苦手な人もいません。

トレーニングの効果で、わたしには人や物事を多角的に捉えることができるようになったからです。

あなたに高圧的にいじわるをする人は確かにいますが、それはその人を形成する一側面です。

多角的に物事が見える様になると、高圧的で、わざと仲間はずれにして、嫌みばかり言うのは、「本当はとても自分に自信がないから、いじわるをして自分の方が優れているとニセの満足感を得ているのだな、きっと心の中はいつも何かと闘っているんだな」とわかります。

「いつも何かと闘っているのは苦しいだろうな」と思うとこれまでの感情に変化が起きます。「好き」という気持ちにならなくても、少なくとも「大嫌い」という感情は薄れていきます。

人は自分が満たされていないと、他者に優しくすることができません。

恋人ができたりすると急に優しくなる人をみたことがありませんか、それは「恋人」という存在によって、その人の心が「愛」で満たされたからです。けれど、「恋人ができたから幸せ」は条件付きの幸せです。

恋人と別れたり、浮気などの思わぬ悩みが起これば、その人の心はすぐに殺伐としてしまうでしょう。

恋人がいるから、お金があるから、良い会社に就職しているからと、わたしたちは条件によって「満たされたような気持ち」になります。

自分では自分を幸せにできない、だから望む現実を得ることで幸せになれるのだという魔法をかけています。

それは自分は無力な存在だと思っていることと同じです。

無力だと思うから、誰かをあがめたり、誰かに頼って生きるのです、自分を支える何かがないと不安になるのです。

強い意見に巻かれてしまうのも、人の顔色ばかり気にしてしまうのもあなたは自分は無力だと思っているからです。

あなたにはものすごい力があることを証明しましょう。

先ほどもお伝えしたように、人は物事の一側面だけを見ることが得意です。それに加えて、意識を向けた物事を強く硬く結晶化して心に留めることができます。

会社での嫌いな人、嫌な出来事を、あなたは休みの日も寝る時もそれこそ1日中考え続けます。

1日中意識をそこに向け続けているので、その人もその出来事も目の前にないのに、まるであなたの目の前で今もそれが展開されているような気持ちになります。

そうしてその物事はあなたの中でモンスターのように凶暴になり、あなたを苦しめ遂には会社に行くことを出来なくさせます。

あなたは好きな人が出来ると1日中、好きな人に意識を向け続け何も手に付かなくなります。

あなたは意識の中で好きな人の笑顔や会話をしたことを反復して、目の前に好きな人がいるように幸せな気持ちになります。

このようにわたしたちは物事に意識を向け続けていると、それを心の中で強く結晶化させる力があるのです。

噂話や悪口を聞いていて、悪口の的になっている人をあなたは「そんなに嫌いじゃない」と思っていても、「えーそんな人なの？　酷いね。嫌な人だね」と同調していると、あなたはその人を嫌いになっていきます。これも同じ様に「その人は酷い人だ」と意識を向けて結晶化したからです。

怒りに意識を向ければ、怒りが結晶化し、悲しみに意識を向ければ、悲しみが結晶化し、嫌いに意識を向ければ、嫌いが結晶化してあなたの心を支配していきます。

心を整えて「幸せ」に意識を向ければ、あなたの心は幸せへと結晶化していきます。

あなたには、意識を向けた先を心で強く結晶化できるすごい力があるのです。

◆感情は取り外しができる

ネガティブな感情は取り外すことができます。

嫌な出来事を思い出して、感情だけに集中して「横に置いておく」という感情を取り外す方法を先ほどお伝えしました。

少しでもスッキリした、嫌な感情が薄まったと感じたらならば大成功です。

取り外しをするのはネガティブな感情です。

あなたを幸せにする、楽しい、嬉しいという気持ちは、今はそのままにしておいてください。

それぞれの人に自分の人生と感情というスパイスがあります。

他者の言動、出来事があなたに怒り、苦しみを感じさせるのではありません。

あなたが不快に感じるならば、あなたの中に取り外す感情があるということだけです。


先日、用事があり、あるビルのエレベーターへ向かって歩いていました。

そのビルは入り口からエレベーターまで少し長い廊下があります。

わたしの後ろから女性が来て、わたしを追い抜いてエレベーターのボタンを押しました。わたしと女性の距離は2メートルもありませんでしたが1台しかないエレベーターに女性は乗り込み「閉まる」のボタンを押しました。

わたしの目の前でエレベーターが閉まりかけましたが、わたしはそのエレベーターに乗りたかったので扉の外側から「開く」のボタンを押しました。

エレベーターの扉は開き、中には女性がいました。

この時にわたしの中に「いじわるをされた」「軽んじられた」という思いがあればわたしはその感情でこの一連の現実を体験するでしょう。

けれど、そんな感情を使うのは自分で自分を苦しめるだけです。

その女性はわたしが後ろから来るという出来事に対して、何かの「感情」を使いました。

わたしは乗りたかったから平和にボタンを押してエレベーターに乗りました。

ただそれだけです。

自分の心に聞いたら「乗りたかったから」平和に乗りました。

感情は現実に意味を持たせるのです。

普通は、相手がその時にどのような感情だったかを推し量り、例えば今回なら「あの女性は性格が悪くて、わたしに対して嫌がらせをした」と思い、「ムカついた」などと出来事に意味を持たせます。

すべてではないですが、ほとんどの場合「出来事が起こった意味は重たく、暗いもの」に意味付けされていきます。

理由はわたしたちの中にはネガティブの基礎となる大きな2つの重たい感情がありますが、重力のある地球では重たい方へ簡単に天秤が傾いていくためです。

◆無価値感と罪悪感という感情

ネガティブと言われる感情の代表に罪悪感と無価値感があります。

この2つの感情がどのように心に影響をするのかをお伝えします。

あなたは忙しくて、しばらくの間ちゃんと夕食を作ることができない日々が続きました。久々のお休みの日に、食卓に手作りの食事を並べた時に家族から「美味しい、美味しい、ありがとう」と言われた時に、

罪悪感（わたしが悪い、自己犠牲）と無価値感（わたしには価値がない）という感情を使っていると「ご飯を作れないわたしは悪い」「家族に申し訳ない」「もっと作って欲しいと思っているんだ」「作らないことを遠回しに責められているんだ」と思います。

「本当に美味しかった」「とても嬉しかった」と発せられる感謝や好意の言葉さえも「責められた」「わたしは出来ていない」「嫌みを言われた」と感じさせるやっかいなこれらの感情は人間関係をとても複雑にします。

誰もがうらやむ生活をしても、素晴らしい美貌に恵まれても、必ずしも「幸せ」ではありません。

罪悪感と無価値感は、あなたの中で「嫉妬」、「焦り」、「不安」、「イライラ」、「孤独」など色々な感情に変化していきます。

たとえ事業に成功していても、素晴らしい職業についていても、素敵な人と結婚し

ていても、あなたがこの「罪悪感と無価値感」を使っていると決して幸せになることはできません。

「そうは言っても、あの言い方は絶対に嫌みだった。それなのに、どうしてわたしが変わらなくちゃいけないの、嫌みを言ったのは彼女なのだから、変わらなければいけないのは彼女の方だ」と思うかもしれません。

わたしたちは、なるべく自分は変わらずに、周りが自分の思う様に変わって、幸せでいたいと思っています。

なるべく人のせいにして自分は悪くない、変わらずこのままでいたいと思います。

自分で自分を幸せにする術を知らないので、周りを自分の思う通りにコントロールできて整えば、幸せになれると思っています。

幸せとは現実が良くなることだと勘違いをしています。

会社でいつも部下を怒鳴りつけている上司がいるとします。

部下が自分の思う様に動いてくれると「自分が認められた、正しかった、承認された」と思い、ニセの満足感を得ます。

けれど、部下が思い通りに動かないと「自分は見下されている」「軽んじられた」として怒りを生み出します。

「無価値感」という人間の根本的な感情は「わたしには価値がないのだ」と内心はビクビクしていますが、「そんな恥ずかしいことは人に知られたくない、見られたくない」と虚勢を張り、自分を大きく見せようとします。

そのため話を大きくして周りの注目を引こうとしたり、威張ったり、噂話をして人を貶《おとし》めようとしたりと、いつも外側ばかりを見ています。

「価値がない自分と価値がある存在の自分」

先ほどお伝えしたように「無価値感」という感情は陰と陽の表裏一体で2つの側面を持ち合わせています。

陽の側面の「外側への攻撃」と陰の側面の「内側、つまり自分への攻撃」です。

人や物事を支配し、コントロールすることで自分を満たし、価値ある存在だと思わせ、そうできないと「自分は人から見下されている」という無価値感は、喜怒哀楽を感じる上で罪悪感と並び最高のスパイスです。

罪悪感は「〜のため」「わたしさえ我慢すればいい」「わたしが悪い」と自分を攻撃

する陰の性質と「あなたのせいでこうなった」という他者を攻撃する陽の性質の2つの側面があります。

この2つの側面は同じ力量でバランスを保ち、自分と他者を同時に攻撃します。

無価値感も同じように2つの側面を持ちます。

自分を攻撃する「自分には価値がない」「生きていてもしょうがない」という陰の側面と「あいつさえいなければ良い」「現実を思う様にコントロールしたい」などの周りを支配したいという陽の性質です。

人は皆、自分がどのような感情を使っているのかを見ようとしません。

わたしがこんな感情になっているのは外側のせいだと思っているので「今どんな感情をわたしは使っているのか」と内側に意識を向けることはありません。

いつも内側に意識を向けて、使っている感情を知り、「もう使わない」と決めていくことで自分が整っていくのです。

◆なりたい自分へ目標を定める

心と感情を整えたその先で「どんな自分になりたいのか」という「目標」が大切で

す。

「いつも笑顔で落ち着いてニコニコしているわたし」「冷静で安定しているけれど、ちゃんと決断力のあるわたし」「ちゃんと自分を愛して周りも愛せるわたし」など「なりたい自分」に目標を定めます。

お金持ち、キラキラした生活、友人がたくさんいる社交的なわたし、社会で成功しているわたし、素敵なパートナーなどの現実的に何かを得たいというのは一旦横に置いてください。まずはあなたが「あなたらしく生きる」ことを目標にしていきましょう。

心と感情を整えていく過程は、これまで自分のパーソナリティ（個性、性格）だと思っていたものを、「わたしは単に感情の扱い方を知らなかっただけだった」と知っていくことです。

そのためには誠実に自分と向き合います。

「でも、親友のことが心配です」「家族がいるから自分を一番にはできません」ということも一旦横に置きましょう。

「人にはそれぞれ自分の人生がある。わたしは今は自分の感情を整えることに集中しよう」ともう一度そこに立ち返ります。

あなたが誠実に向き合うのは感情ですが、だからといって仕事や家事、子供のお世話などをしない訳ではありません。

ワークショップでも「仕事も家事もやることが多くて時間がないのです」というご質問をいただきますが、「やることがたくさんあるならば、仕事やお子様がいるならば一層平和で落ち着いている方が良いとは思いませんか?」とお伝えします。

仕事も家事も行動は変わりません。やることはちゃんとやります。

おろそかにすることは1つもなく、心と感情が整ってくると生活が丁寧になり、いつも平和でどっしりと落ち着いて出来事や感情に左右されず、仕事も人間関係も家庭も円満になります。

「わたしは自分の感情を整えると決めたのですが、わたしの大切な友人はいつもマイナス思考なんです。どうしたら良いですか」というご質問があったとします。

「あなたは自分を整える中で、決めさえすれば誰でも心と感情を整えることができるんだ」と知るでしょう。

そうであるならばあなたの大切なご友人も決めさえすれば良いのだとわかります。

今はマイナス思考でいるご友人の生き方にも、一生懸命生きているその姿勢に敬意を払ってください。

◆わたしどうしたい？　と心に聞いてあげる

ちゃんと自分の心を見ないで、行動をしてしまうと「モヤモヤ」します。

あなたは飛行機で３人掛けの通路側に座っています。あなたは窓際で外を見るよりも少し開放的な通路側が好きです。

その時に窓際の女性から、「わたしはおトイレに頻繁に行くので、廊下側の席と変わってください」と言われました。あなたは頻繁におトイレに行く訳ではないのですが、いきなりそう言われて困ってしまいました。

さぁ、あなたはこの時にどうしますか。

「断ると相手が傷つくのではないか」

「これから何時間も飛行機に乗っているのに雰囲気が悪くなったら嫌だな」

予想外の出来事に頭はグルグルと回り、結果としてあなたは席を変わる、変わらない、どちらにしても心は「モヤモヤ」したままになります。

頭がグルグルして混乱してしまった。

こういった時には「即答」しません。

「ちょっと待ってください」と伝え、ちゃんと自分の心に「わたしどうしたい？」と聞くのです。

「そうして、わたしは開放的な通路側に座っていたい」と思ったら「変われません」と自分に誠実であるために伝えてください。

相手が怒ったとしても、それは相手が思い通りにならなかったことにより「無価値感」を使っているだけです。

例えば赤ちゃん連れだった、妊婦さんだったなどの現実であれば、あなたはそれを鑑《かんが》みて「わたしは通路側が良かったけど、今回は変わってあげるね」とちゃんと自分の心に伝えてください。

大切なのはあなたが決めるということです。

それが良い意味での「自己責任」です。

ステーキと唐揚げ定食でお伝えしたように「心の声」は具現化しなくても「聞いてくれた」と満足します。あなたが納得するということが大切なのです。

わたしたちを取り巻く状況は変化していきます。臨機応変に自分の心の声を聞きながら、しなやかに生きていきます。

ポイントは「なんの柵《しがらみ》もなかったらどうしたいか」です。先ほどの飛行機の窓際か通路側かも、「変わってくれ」と言った女性がいたからあなたは右往左往しました。

その女性のことがなければあなたは平和に窓際に座っていたはずです。もし、小さな子供が窓の外が見たいと泣いていたら、あなたは臨機応変にでも、ちゃんと自分の心に聞いて「窓際をどうぞ」と平和に席を変わるかもしれません。

これからあなたの指針になるのは「わたし、どうしたい?」と心に問うことです。

そうしてその声に従うことです。

そんな「自分勝手なことをしたら周りから嫌われてしまうかも」と思いますね。

決してそんなことはありません。

ちゃんとプロセスをお伝えしますので安心していてください。

◆自己責任とはとても清々しいもの

わたしたちは、「誰かのため」「何かのため」に生きています。

そのほとんどが「家族のため」、「子供のため」、「仕事のため」、「お金のため」、「明日のため」、「未来のため」で「今の自分のため」に生きたことはほとんどないでしょう。

キャリアを積んでいたあなたが子供が生まれて「子供のために」とキャリアを捨ててしまうと、しばらくして「子供のせいでわたしのキャリアが無くなってしまった」と思います。

仕事を続けるか、辞めるかの選択を迫られた時に、「子供のために」「自分の母もそうだったし」「本にも3歳までは一緒に過ごすことが良いと書いてあるし」と自分の感情をきちんと見ないで周りの目や情報に惑わされてしまうのではなく、落ち着いて冷静になり「わたしどうしたい？」とちゃんと自分の心に聞いてみます。

その時「仕事は楽しいから続けたい」と心の声は言うかもしれない。

心の声を聞いてあげると、気持ちが落ち着きます。

そして落ち着いて心の声を聞いたあなたは「子供の成長を見られるのは今だけだ。子育てが一段落したらもう一度仕事に戻ろう」「家族や会社の力を借りながら、出来る範囲で仕事を続けて行こう」と自分の人生を自分で決めることができます。

自分で人生の道を選ぶから「わたしが決めたことだ」と納得の下で子育てをします。「大変なこともあるかもしれない。でも自分で決めたことだから」とあなたは清々しい心で毎日子供と向き合い、仕事や家事をしながらも子供との時間を大切にしていくでしょう。

この言い訳のない生き方が「本当の自己責任」です。

誰かのため、何かのためにとしていると、それは「犠牲」「我慢」という感情を押し殺すことへと繋がっていきます。

反対に「せっかく築き上げたキャリアだから手放したくない」という自分の「外側」「現実」に重きを置いて、ちゃんと心の自分が納得をしていないと「わたしだけ忙しい」や、「周りが非協力的だ」と様々な不満が出てきます。

このようなことは日常で起こります。

「子供が好きだから、（子供のために）今日はハンバーグにしよう」と決めると子供から「ハンバーグは今日はいらない」と言われれば「あなたのために作ったのに」と腹が立ちます。

心の声をちゃんと聞くと「わたしも食べたいからハンバーグにしよう」と言っているかもしれません。

「今日はちょっと胃が重いからハンバーグは明日にしたい」と言っているかもしれません。

「今日はちょっと胃が重いからわたしは軽いものが良いな。でも子供は明日試合があるからハンバーグにしてあげたいな」。心の声はあなたに色々話しているのに、あなたは「子供のために」の一言でこれらすべての言葉を覆い隠して自分の声を聞いてきませんでした。

だから、「せっかく作ってあげたのに。わたしはいらなかったのに。あなたのために」と感情が混乱していきます。

そして、大きなネガティブな感情である「無価値感と罪悪感」をフル動員して感情に飲まれていきます。

「自分の心の声に耳を傾ける」それは「今の自分のために生きる」大切な一歩です。

完全なる自己責任は「わたしがそうしたいから」という自分に正直に生きることです。

ネガティブな感情を手放して、心の声を聞いて、正直に、誠実になることは決して周りとは軋轢《あつれき》を起こしません。

むしろ清々しく迷いのない平和なあなたの生き方に周りも影響を受けていきます。

◆その人の怒りとあなたは関係ない

クレーム対応ＳＮＳの規制など、この社会は人からの「怒りや攻撃」にどのように対応しようかと必死に考えています。

わたしは怒る必要はないと思っています。

こんなことをされたら怒るのは当たり前だ、怒られて当然だと言います。


わたしならば目的は相手を罵倒することではないから、何か改善点があれば「対処」をします。


「怒る」というのはとても力の強いエネルギーで、その根底には「軽んじられた」「見下された」「思う通りに物事をコントロールできなかった」「酷いことをされた」「相手に自分が悪いと認めさせたい」「支配したい」と様々な感情が入り乱れます。

ある時わたしは怒りからの感情の卒業試験のように、たくさんの人の目の前で一人から激しく怒鳴られたことがありました。

わたしはずっと自分の心の中だけを見ていました。

「謝る」というのは心の声にはありませんでしたので、謝ることはしませんでした。

ただ「そうですか」とだけ言いました。

わたしが謝らないので相手はさらに激高していきます。

それでもわたしは「そうですか」と言い、自分を見続けたいという自分の心の声に納得していたので「そうですか」とだけ言い続けました。その時わたしの心の中で授業が終わった時のような鐘が鳴る音が聞こえ、激高している人は「大きな声を出している人」へと変わっていきました。

その話をワークショップでした時に「怒らせてしまったという気持ちはありませんでしたか？」と聞かれました。

ありません。怒る必要はないからです。

「怒っているから一応謝っておこうと思いませんでしたか？」とも聞かれました。

思いません。自分に不誠実なことは出来ません。

「悪いことをしたと思いませんでしたか？」とも聞かれました。

わたしは自分に誠実であることを1番大切にしています。

自分が間違えていると思えば、自分に誠実であるためにちゃんと謝罪をします。

自分に誠実でいたいので、数日前に一連の報告をしていました。

「怒り」を強く感じられる人は本当にすごいと思います。あの強い、自分の命をも殺してしまうほどの感情を、そんなにも感じることはわたしには出来ません。

わたしは自分が大切です。だから不必要にネガティブな感情を使って自分を痛めつけることは出来ません。

自分を大切にしたいから使わないと決めた感情は、相手を攻撃するという陽の側面をも使いませんので相手を傷つけることもしません。

先ほどお伝えしたように、人は物事の一側面だけを自分の考え方と価値観とものさしで見るのが得意です。

わたしを怒鳴った人の中のわたしは「モンスター」ですが、それはわたしではありません。

怒る相手が創り上げたニセのわたしです。

あなたは噂の種になっても気にする必要はありません。それは「あなた」ではないからです。

相手の顔色を見て、その場をなんとか収めるために、あなたは自分に不誠実になってはいけません。

人から嫌われるとか、わたしの言い方が悪いからとかと怖がる必要はありません。

反対に「あの人はあんなに怒ってばかりで可哀想な人だ」と思う必要もありません。

学生の頃、誰かに嫌なことをされたりしたらその人を「可哀想な人」と思いなさいと言われたことがあります。

その時、どのような人であっても「可哀想な人」って失礼だなと思いました。

わたしはどのような状況であれ「可哀想な人」とは思いません。

可哀想な人は存在せず、どの人も自分の世界で一生懸命に生きています。

その人の生きている人生を丸ごと尊重し敬意を送りたいのです。

今は何もやる気がない状態でも「やる気がない」という気持ちを全力で体験し、経験していることに敬意を送ります。

どんなにネガティブな感情でその人がいても、その気持ちを全力で体験しているのです。

あなたは自分に誠実でいてください。あなたが自分に誠実だから他者にも誠実になるのです。

◆自分に誠実でいてください

自分自身に誠実でいてください。

いつも自分の心を見ていてあげてください。

自分に誠実であるということは、他者にも誠実であることです。

時としてわたしたちは「隠し事」「嘘」「ごまかす」もしくはなんとか「誰かの何かのせい」にしようとします。

このように動くのは自分を守るためです。

人から攻撃されるのではないか、追及されるのではないか、怒られるのではないか、と考えてなんとか回避しようとします。

人間関係が複雑になるのはお互いに「無価値感」「罪悪感」という感情を武器に闘うからです。

さらに物事の一側面からしか見ないので、あの人はこう考えているに違いない、こう言われたらどうしようと、架空の世界の架空のストーリーの中でヘトヘトになるまで独り相撲をします。

あなたは自分に誠実でありさえすれば良いのです。

電車に乗り遅れて遅刻をして大切な会議に参加できなかったら「電車が遅延したので」とごまかさず「電車に乗り遅れました。会議に参加できずごめんなさい」と自分に誠実であるために言えば良いのです。

会議の資料に間違いがあれば「間違えました」と自分に誠実であるために言えば良いのです。

「自分に誠実である」とは、他者に対しても誠実であるのと同じ事です。

隠し事をして嘘をついてごまかして「誰かの何かのせい」にするのは「ごまかしたい相手」がいるからです。

あなた一人しかいなければそんなことはする必要はありません。

無人島であなた一人しかいないのに「隠し事」「嘘」をつく必要はないからです。

誰でも日々の生活の中で多かれ少なかれ「嘘」や「ごまかし」には遭遇します。

わたしはそういう時には追及はしません。「あぁ、この人は自分を守りたいのだな」とだけ思います。

自分に誠実であれば、ものの見方が変わっていきます。

自分に誠実でいようとすると、謝罪をする時にはきちんと謝罪ができるように、感謝をした時にはちゃんと感謝を伝えられるようになります。

この生き方をわたしは「言い訳のない生き方」と言っています。裏表のない生き方はとても楽で清々しいのです。

あなたが自分に誠実であることは、相手にも誠実であるということなのです。

もう使わない♡

◆さぁ、ネガティブな感情を手放していこう

嫌だった出来事で感じたネガティブな気持ちを「横に置く」と決めたら少し心が軽くなったように「ネガティブな感情は取り外しができます」。

そう、あなたは着脱できる感情を持っているから使ってしまうのです。

だからそのネガティブな感情を手放してしまえば良いのです。

あなたを苦しめる様々な感情を手放して、自分に誠実に生きるためのスタートを切りましょう。

「嘘、隠し事」をしてしまうのも、自分や他者を責めて怒りや苦しみを感じてしまうのも、ネガティブな感情を持って使っているからです。

そのためにはまずは「落ち着いて、冷静で、リラックス」していることです。

そうでないと自動的に感情を選び、振り回されてしまいます。

あわてていると外側の出来事に右往左往して自分を見失い、様々なミスをも生み出してしまいます。

小さなケアレスミスなら問題ないのですが、とても重大な取り返しのつかないミス

まで引き起こしてしまいます。

だから、まずはいつもあなたを落ち着いて冷静な状態へと整えて行きます。

友人と会うのも、仕事へも、家事も、スーパーへ行くのも「落ち着いて行こう」と決めます。

現実を「自動的に選ぶ感情」で体験する癖を止めるためにはまず日々、どんな感情を使っているのか知っていきます。

使う感情を知るためには落ち着いていることが大切です。

そして感情を捉えていきます。

友達や家族と話していると様々な感情が出てきます。

これまでは人の話をちゃんと聞く、話に対してちゃんと答えることが大切でした。

あなたは大切な友達から「相談したい」と連絡がきたら一生懸命に話を聞いていたはずです。

そうして話に同調し、時には一緒に悲しみ、一緒に怒りました。

でも、それは友人の中で繰り広げられている架空のストーリーです。

「わたしがこう言ったら、Aさんはわたしを気に食わない。って顔をしたの。それでこんな酷いことをわたしに言ったのよ。Aさんは本当に負けず嫌いなのよ」

「Bさん最近彼氏さんとうまくいってないよ。いつもぼーっとしてこちらの話も聞いてないもの」

「そういえばCさんが言っていたんだけど、Bさんはね」などなど、日常でよく交わされる会話は、物事の断片に空想でストーリーを追加し、感情というスパイスで味付けをされた話をあなたは聞いていたのです。

わたしは小さな頃、家族がテレビや新聞、週刊誌のことをああでもない、こうでもないと話していた時に「テレビや新聞とかが全部嘘だったらわたしはどこへ連れていかれてしまうのだろう」「人の言ったことをすべて信じてしまうなら、わたしはどうなってしまうのだろう」と、とても恐かったのです。「それが本当だという証拠はない、嘘だったらどうするの?」といつも思っていました。

だから真実が知りたかったのです。

「誰も真実を教えてくれないなら自分で知るしかない。真実を知る方法を誰か教えて欲しい」

と思っていました。

だからあなたと何一つ変わらないのです。

例えば「Aさんがあなたのことをバカって言っていたよ」と聞いたらあなたは穏やかではなくなるでしょう。

けれどその「バカ」は「おバカさんで可愛いの」という意味かもしれませんがそれはどちらでも良いことで、「そのおバカさんで可愛いあなたは、Aさんが創ったAさんの中のあなたです」

あなたが生きる世界はあなたの中にしかありません。

あなたの真実はあなたの中にしかありません。

1つお伝えすることを忘れていました。

これ以上先を知ると今までのように誰かと同調して架空の世界を一緒に体験することはできなくなりますが、それでも良いですか？

いえ本当のことをいうと、今も同じ世界を一緒に体験していません。だってあなたは話を聞いて、さらにあなたの架空のストーリーを追加して、あなた流の違うスパイスで味付けをしていますから。

わかりやすくいうと家族で同じ家にいても同じ世界を生き体験していません。

あなたの家族は夢中になって戦国時代のテレビドラマを見ています。

でもあなたはその番組には興味がないので同じ部屋にいながら耳にイヤホンをして大好きな音楽を聴いています。

戦国時代のドラマは戦闘シーンで武将は大きな声で兵士を先導し、たくさん兵士が闘い血を流しています。あなたの家族はそれを見て、ハラハラドキドキして手に汗を握っていますが、あなたは大好きな音楽を聴いているので心からリラックスして鼻歌を歌っています。

日常の一片だけを見てもわたしたちは同じ世界を生きていません。

たとえ同じ食卓を囲んでいても、仕事のことを考えている家族、学校の課題を考えている子供たち、明日のお弁当のおかずや食後の家事のことを考えているあなたとでは同じ空間にいながら別々の世界を生きています。

つまり、いつもイライラして不安や焦りを感じている人と、落ち着いて冷静で平和でいる人は同じ世界にいるのに、意識が違うのでまるで違う世界を生きているのです。

あなたはたくさんの人がバラバラに生きている世界にいます。

この皆がバラバラな世を体験している中であなたは周りの人に気を使い、人から言われることを気にしていました。

自分にとって都合良い、生きやすい現実を創りたいからこんなにも考え方、生き方の違う人々をなんとか自分の思う通りにしようとしていました。

すべての人は皆自分の世界で生きています。それらをあなたの思う様にできるはずありません。

だからあなたは、安定してブレないでいられるように、自分の心と感情を整えていきます。

誰かを頼りにするのではなく、あなたは自分を頼りに生きていくのです。

そのために、ネガティブな感情を手放していきます。

ネガティブな感情を手放したあなたの人間関係は、これまでにないほどに良好になります。

ネガティブな感情を手放してしまうので、あなたが想像で創り上げる架空のストーリーは暗く、重たいものになりませんし、人には人の人生があるのだということもわかるからです。

自分がどのような感情を使って出来事の断片を見ていたのかわかるようになると、「人がどういう感情を使って出来事の断片を見ているのか」わかるようになります。

どのような感情を使って現実を体験しているのかわかるようになると、「そうなのか」と納得し人を許せるようになるのです。

たとえ確実に誰かがあなたを見下して鼻でせせら笑ったとしても、その人は何かネガティブな感情を使いその人の中で闘いを起こしただけです。

あなたとは一切関係がありません。

仮に理不尽な扱いをされたなら、「こんなひどいことをされた」という感情を使わずに「なぜこのようなことをするのですか」とあなたは自分に誠実にいるために冷静に相手に問うだけです。

相手がネガティブな感情を使って暴言を吐いても、相手が使う感情とあなたは一切関係がありません。

だからあなたは自分に集中して良いのです。ブレない自分軸のために心と感情を整えていきましょう。

◆自分の感情を知って手放す

感情を見ることはとても面白いのです。落ち着いて、冷静に、リラックスした中で自分の感情を見るから手放すことができます。

人と向き合って話してしまうと、どうしても話の内容に入り込んでしまいますから、最初は休日や日中、通勤時間など一人の時間を利用して感情を手放す練習をしていきましょう。

通勤時間、家事をしている時、お風呂に入っている時、おトイレの中、買い物中に落ち着いて冷静になって自分の内側の感情を見ていてください。

自分の内側を見ながら、そのまま日常の生活を続けてください。

しばらくすると、あなたは今何も起こっていないのに、過去の嫌だった出来事、何か言われたこと、焦りのような気持ち、もしくは何も思い出さないけれど、モヤモヤした、スッキリと気分が晴れない状態になってきます。

「横に置いておく」と感情を取り出して横に置いたように、あなたはモヤモヤした、スッキリと気分が晴れない「その感情だけに集中」して、「この感情はもう使わない♡」と心の中で宣言します。

「もう使わない♡」と手放すことが大切です。もちろんあなたを苦しめる感情ですが、「こんな感情嫌いだ！」「使いたくない!!」と手放していると、「まだ感情が出てくる、ダメだ、出来ていない」と感情を悪者にして自分にダメ出しをすることになります。

そして「本質の愛に戻る♡」「感謝に戻る♡」「平和になる♡」と、どのような言葉でも良いのであなたが「愛、感謝、平和、平安、喜び、豊かさ」という、あなたの心が「柔らかく広がる」、「スッキリする」、「軽くなる」、「温かくなる」というあなたにとって気持ちの良くなる言葉を心の中で宣言します。

くれぐれも力を入れて眉間にしわを寄せて「もう使わない!!」「愛に戻る!!」としないでください。リラックスからほど遠い場所では、この手放しは起こりません。人は誰もがネガティブな感情を持っているものです。持っているだけだから手放すだけです。

深呼吸をするように落ち着いた心で「もう使わない♡」「愛に戻る♡」としてください。どのような感情もあなたの人生に彩りを与えてくれたのは間違いありません。ですから「ありがとう♡」と言う感謝の気持ちを持って手放していきます。

少しでも、本当に少しでも良いので、「今までと違う」、「少しスッキリした」、「嫌な出来事を遠く感じた」などの変化を感じる事ができれば大丈夫です。

ポイントは「現実に起こった出来事は関係ない」ということです。

こんなことがあればこう感じるのは当然ではなく、同じものを見ても聞いても皆反応は様々です。

何かの出来事に対して、あなたが使う感情を選べれば良いのですが、一瞬でたくさんある感情の中から使う感情を選ぶのは至難の業です。

だからすでに持っている感情の中からネガティブなものだけを失くして、ポジティブなものを残していけば良いのです。

そんなこと出来る訳ないと思いますか。

いえいえ「横に置く。もう使わない♡」で少しでもスッキリしたなら、ネガティブな感情は取り外しができる証拠です。

わたしはこの方法で、まずはネガティブな感情の分量を少なくしていきました。

ネガティブな感情の分量が少なくなってくると、自分さえ気をつけていけば増える事はありません。安心して「もう使わない♡」と決めてください。

感情をコントロールしようとすると、どうしても「この怒りはどこからきたのか」「どうしてこんなに苦しいのか」などの分析が入ります。分析はああでもない、こうでもないと頭をフルに使い、問題ではないことを問題視します。一見解決したように見せかけて、「でも、あのことはどうなんだろう」とまた新しい問題を生み出す思考は無限のループです。思考に囚われてしまうと混乱の世界であなたは迷路へ入ります。

わたしたちは「意識を向けた先が結晶化して心を支配する」というパワフルな力を持っているので「感情をコントロールする」ことに意識を向けてしまうと、「次にネガティブな感情が出た時には「どうしよう」といつも身構えることになります。

何度もお伝えする通り、ネガティブな感情は着脱可能です。

取り外しができるものを大事に持ち続けて、自分を苦しめる必要はなく、あなたはどんどん手放していくだけです。

思考は無限のループであなたを混乱させますが、思考は悪いものではありません。

思考が止まることはありませんから、これから仲良くつき合っていくのです。

ネガティブな感情を手放し続けていると、だんだん思考が勝手に動いていることに気付き始めます。

あなたが意図をしていろいろ考えているのは良いのですが、電車に乗っていても、家事をしていても頭の中はグルグルと過去のことを思い出したり、音楽が流れていたりしませんか。

思考はあなたが動かそうとしなくても勝手に動くのです。

そして、簡単に重たいネガティブに天秤は傾いてしまうので、考えている内容は暗く、難しくなります。

なるべく思考を動かさないことが良いのですが、仕事をしていたり段取りを考えているとそうもいきません。

ですから、頭の中で勝手に色々とああでもない、こうでもないとストーリーを創り始めたら、「あぁ、今思考が一生懸命働いているんだな」くらいに留めてください。問題でないことを問題とし、後から、後からああでもない、こうでもないと架空の世界に生きるのはもう今日でおしまいです。

◆あなたが仕事をする目的は？

「仕事をしていると次から次へとやることがあるので落ち着くことができません」「売り上げや、ノルマがあるので利益をださないといけないんです」「平和に仕事をするなんて無理です」「生活をしているからお金を稼がないと」と現実を生きて仕事をすることと、平和でいることは両立しないように思われています。

あなたが焦ってイライラしたら会社の業績は良くなるのでしょうか。あなたが恐怖にかられて営業先に行くと取引が成立するのでしょうか。ネガティブに溺れた中だと良いアイディアが湧くのでしょうか。どうしようと不安になるとお金が入ってくるのでしょうか。

ネガティブな感情を手放して平和になることで、仕事を放棄した、ただの怠け者になって人生をないがしろにすると思っていませんか。

ネガティブな感情を持ち続けないとお金を稼げないと思っていませんか。

将来の不安があるから仕事を頑張れる、仕事への執着があるから続けられると思っていませんか。

そんな風に仕事をしていればストレスが溜まります。

お金をいくらたくさん稼いでも、その思いで仕事をしていれば幸せにはなりません。

平和でいることで仕事の様々な側面が見えて、どのような仕事にも面白さを見つけることができるようになります。

稼ぐ、売り上げ、利益、ノルマを達成するなど「お金」だけに焦点を当ててしまうと、大口の取引先には良い顔をして、小口の取引先にはぞんざいな態度を取るなどしてしまいかねないのです。

そして、「お金」が強く結晶化していくので、今月は予定の利益を達成しても、来月はどうなるのだろう、今はいいけれど将来はどうなるのだろうと、いつも不安になります。

「お金」だけに焦点を当てれば、あなたは「お金」にまつわる一喜一憂の世界を体験することになります。

今はあなたも知る様に時代は激流の中にあります。たくさんの人が職を失い、これから新しい流れに乗ろうとしている時です。

この激流の中で「稼ぐ」、「利益」、「売り上げ」という小枝を求めても、流れが速すぎてそれを手にすることは難しいですし、「どうしたら稼げるのか」、「利益がでるのか」と小枝を追い求めてどんどん激流に飲まれていきます。

ネガティブな感情でいた方がアイディアが出て、皆がそれを手に入れたいほどに素晴らしいものを生み出せるのでしょうか。

わたしは仕事であれ、趣味であれ、何かに携《たずさ》わることはとても良いことだと思っています。

でもそれは、純粋に「楽しい」「面白い」「好き」と思えることが大切です。

「この仕事が好き」、「面白い」という意識なら、どのような状況でも、利益が大きかろうが小さかろうが、仕事相手は自分に好きな仕事を与えてくれる人という見方になりますので、どの人にも平等に親切に対応することができます。

ノルマのために営業先に行くのと、自分の好きな製品を知って欲しいという気持ちで営業先に行くのとでは気持ちがまったく違います。


「嫌だ」「面倒くさい」などのネガティブな感情を手放して「もう使わない♡」そして「平和♡」「楽しい♡」という気持ちでいることで物事の様々な側面が見えてきますので、必ず面白さを見つけることができるようになります。

たとえ単純なルーティーンであっても、まるでゲームのように楽しめます。

何よりあなたがとても楽に生きられるようになるのです。

平和な心でいても人として「することはちゃんとします」。

「やりたくないけれど仕方ない」、「辛い」、「苦しい」気持ちで仕事をするのと「楽しい」「大好き」とするのとではあなたの人生は雲泥の差が出るでしょう。

「好きなんです」「楽しいんです」「やりたいんです」何をするにもその姿勢だけで、その純粋な気持ちだけで良いのです。

仕事をしているのに「楽しいなんて仕事をなめている」という考え方は古い考え方です。仕事は厳しく辛いもの、人生は苦しいものという「古い考え方」から自分を解放できるかどうかは大切なポイントです。

「辛い、苦しい」と生み出したものと「楽しい、大好き」と生み出したものとでは発するエネルギーがまったく違います。

自分の仕事を好きでなければ、職業差別だの3Kだのという観念も生まれてきます。お年寄りが大好きで仕事が楽しければ、介護は辛い仕事という観念はなくなります。寝食を忘れてしまうほどに好きな仕事なら、ブラック企業という観念はなくなります。

わたしはカウンセリングの仕事をしていますが、時々、「人の悩みばかり聞いて辛くありませんか？」と聞かれます。みなさん問題でないことを「問題だ」と思い込んでいるだけです。出来事を整理すれば簡単に解決します。


今、わたしはマンションに住んでいて、お掃除をしてくださる清掃員さんがたくさんいます。とても丁寧に、そして念入りに手際良くお掃除をしています。

わたしは、ある時、その中の一人の方とお話をしました。

「いつも綺麗にしていただきありがとうございます」とお伝えしたところ、その方は3度の食事よりお掃除が好きで、ご自分の家だけでは物足りず、とうとう清掃のお仕事についたとのことでした。

「お掃除大好きなんです」と少女のような笑顔がまぶしかったことを覚えています。

近所にはコンビニエンスストアがたくさんありますが、24時間いつ行っても店員さんがいてくれて買い物ができます。

電車も走らせてくれる人がいるからわたしたちを運んでくれます。

自動販売機も常時、補充をしてくれる人がいるから、いつでも欲しい時に飲み物を買うことができます。

あなたが自分の仕事を好きになれば、おのずと他者の仕事に対しても敬意を払うことができるようになります。

お金を稼ぐという意識についてお伝えしましたので、逆に、支払う意識についてお伝えします。

わたしたちは日々、物々交換をしています。その多くは「お金」を介在します。

お金と欲しいものを交換し、その際に人からサービスも受けます。

大きくお金が動くものの1つに「税金」があります。

わたしも「税金」を納めていますが、いつも「わたしが納める税金は、きちんと必要なところに使われる」と決めて「どうぞよろしくお願いいたします」と税金を支払います。

「あなたの納めた税金は、どうでも良い事業に垂れ流しされて、税金泥棒に持っていかれたよ」と誰かに言われても、わたしの納めた税金はきちんと使われているとわたしが決めています。

わたしのマンションは管理費があります。管理費があるから、エレベーターが動き、管理人さんが24時間常駐し、清掃の方がいます。年3回ほど窓ふきが行われ、その他のメンテナンスも滞りなく行ってくれます。

税金も同じように社会を滞りなく循環させるものであると一人一人が認識し、「わたしの働いたお金をきちんと使ってください」という思いで納めれば使う側の意識も変わると思います。

最初の一歩は小さくても、一人がそういう意識になれば、いつか社会へと広がり世界は変わっていくと信じています。

◆問題を創りだして楽しむ世界

わたしはニュースやワイドショーに興味がありません。

問題ではないことを「問題」としてあおって騒いでいるだけだからです。

ワイドショーは無価値感の闘いです。

先日、あるニュースをワイドショーで取り上げていた時にそれぞれの感情が透けて見えました。

容疑者といわれる人は、あやまった車の運転で2人の命を奪ってしまいました。けれどその人は決して自分の罪を認めず、責任は自分ではなく車にあると主張していました。

それに対してワイドショーでは「亡くなった方がいるのだから謝るべきだ」というコメンテーターや街頭インタビューの意見が放送されていました。

「容疑者と呼ばれている人はどうして謝らないのか」と思いますか？

「無価値感」を使っているからです。

自分を悪いと認めたらきっと「責められる、攻撃される」と思っています。

さらに自分が悪いと認めたら罪悪感（わたしが悪い）という感情に支配されて苦しくなってしまうという思いから「自分を守りたい、だから非は自分以外にあるのだという感情」、つまり無価値感を使っています。

もちろん弁護士さんから色々な戦略の相談はあったでしょうが、「誠実であるために」という姿勢があれば、「人の人生を奪ってしまった自分」に誠実であるにはどうするかという意識からの言動になるでしょう。

コメンテーターの方々も同じ「無価値感」を使っています。

無価値感は「相手を自分の思う様にすること、自分が正しくて相手は間違えていると断罪する」などの「優越感」で自分を満たします。

何人もいるコメンテーターで団結して「わたしたちは正しい」と声高に言うことはニセの優越感で満たすには充分すぎるほどです。

本当は事件に関与した当事者同士その人たちの人生に起こったことですから、周りが騒ぐ必要はありません。

ワイドショーでよく話題になる「不倫」や「スキャンダル」も、同じ様に、当事者同士の人生の中で起こった出来事です。

「ご迷惑をおかけして」と全国に謝り大変だなと思います。

仮にその人のファンだとしても、わたしは「そういうことがあったのか」と思うだけで、また良いお芝居を見たり音楽を聴きたいと思います。

「芸能人」という職業は「人間の象徴」のようだと思います。

「公人」という意識のもと、私生活まですべて暴かれるのは、有名税とは言っても本当にすごいと思います。

隣町に住んでいる見ず知らずのおじさんが不倫をしても、きっとあなたは興味を持たないのに、有名な芸能人の○○さんが不倫をしたら朝から晩までその話で持ち切りです。

そして、物事の断片をそれぞれの考え方と価値観とものさしであぁでもないこうでもないと、皆がそれぞれ自分の世界で架空のストーリーを加えて体験しているだけです。

芸能人だから公人だから私生活をさらされるのでしょうか。

お芝居や歌が大好きだからしているのと、レジ打ちが大好きだからしているのと、介護が大好きだからしているのにはどこに違いがあるのだろうと思います。

どのような仕事も「好きだからしています」「この仕事大好きなんです」という思いであなたがいることがまずは大切です。

仕事は自分を表現するツールですから職業に上も下もありません。

淡々とした作業が好き、動き回る威勢の良い仕事が好き、タクシードライバーでたくさんのお客さんと話すのが好き、「好き」を仕事にするのはもちろん素晴らしいですが、まずは自分のしている仕事を好きになるのはどうでしょう。

ネガティブを手放すとポジティブな面が際立ちますので、あなたの仕事にはかならず楽しさを見出せます。

人から感謝されるから嬉しい、人が喜ぶから喜んでくれることが生きがいと外側に意識を向けていると、「こんなにしてあげたのに感謝されなかった」と現実が思う様にならなかった時には、ネガティブな気持ちに傾いていきます。

感謝される、喜ばれるは自分の存在価値を外側に求めているからです。

感謝されてもされなくても、純粋に「好き」という気持ちで充分です。

これも大切なあなたの軸を創っていきます。

◆恐怖や不安でいる方が楽ということ

わたしは洋服が好きです。

自分が着ていて気持ちの良い服装が好きです。

以前のわたしは人からどう見られるか、流行かどうかを気にして似合わない服ばかりを着ていました。

でも今は「人からどう見られるか」「どう思われるか」「流行か、流行遅れか」などの人や世間にどう思われるかという感情を手放すので、より自分にとって気持ちの良い、好きな服を着ることができるようになりました。

どこに行くにも自分が着たい、幸せと思う服を着ているので本当に楽です。

好きな物を着るからといってＴＰＯがめちゃめちゃなのではなく、ＴＰＯに合わせることも楽しいのです。

以前はＴＰＯを気にし過ぎて、わざわざそのために洋服を買ったりしていましたが、今は手持ちの服でちゃんとＴＰＯに合わせることができます。

ある時、「これ以上ネガティブなものを手放して楽になったら、本当に人の目が気にならなくなってしまい、いつもスッピンで、ボサボサ頭でだらしない服装ばかりする人になってしまいそうで恐いです」とご相談がありました。

「恐怖」という感情があるのはもちろんですが、「人からどう見られるかが、自分にとっては大事だったんだ」と気付いて、そこを納得して手放していきます。

「恐怖」の道はわたしも同じ様に通ってきています。

過去、このまま自分の心の声を聞いて、行動をしたら家族を失ってしまうと思っていた時がありました。

結婚してもわたしは主婦のかたわら時々パートなどの仕事をしていましたが、いつも「配偶者の扶養からは抜けない」と決めていました。

対外的には「扶養を抜けたら、色々な税金が加算されて結果的に損をしてしまうから」です。

でも本当は、
扶養から抜けてまで一生の仕事にできるのか。

ここまでわたしを守ってきてくれたのに、お金を稼いでこの保護から抜けたいなんてわたしはわがままだ。

もっともっと仕事をしたいけど、それはわたしの自分勝手だと。

だから「わたしはあなたの扶養に入っていないとダメな非力な人間ですから、わたしを守ってください」と心で言い訳をしていました。

扶養を抜けるというこれまでの家族の在り方を変えることで、何もかも壊れていくような気がしてとても恐かったのです。

今になれば「恐怖」や「罪悪感」という感情が心を支配していたからだとわかりますが、「恐怖、罪悪感を手放す」ということを知らない頃のわたしは、動かずにこのまま小さくまとまっている方が良いと思っていました。

「恐怖」や「不安」は、何かをする時には必ず色々な理由や言い訳を出して足止めをさせて、あなたがあなたらしく生きることを阻みます。

あれから何年も経ち、「恐怖」「罪悪感」を手放しての今、わたしも家族もとても自由になりました。

わたしは時々、自分に向き合うために数日間の旅行に行きます。その間2匹の犬はペットホテルでこれ以上ないくらいの笑顔で大ハッスルです。

わたしの旦那さんは毎週、仲間とゴルフに行き本当に楽しそうです。

過去に一度だけ「接待も、夜の飲み会も（わたしに）悪いから行かない」と言ったことがありました。

わたしが我慢をしていたから、自然に家族にも我慢をさせていました。

今はわたしがいなくても、いても家が好きだから、仕事が終わるとすぐに帰ってくると言っています。

人によっては恐怖の使い道は様々ですが、心の中の大きなストッパーとしてわたしたちの一歩を踏み出す足かせとして誰もが持っています。

大切なのは手放すのは感情であり、その先でどうしたいかを決めるのはあなたです。感情を手放すことで自分の思いがわかり、誰かや何かによって右往左往することがなくなります。だから安心してネガティブな感情を手放して「あなたのなりたい自分」になっていって良いのです。

カラクリを言ってしまうと、整えるのはあなたの感情ですが、重たい感情を手放すから、現実はとても風通しが良くなります。

自分の使う感情がわかるから、他者の気持ちも透けて見えるようになり、これまでのように相手を自分の思う様にしたいと責め立てたりしなくなります。

「えっ?」と思うことがあっても「わたしが手放して平和や感謝に気持ちを戻せばいいんだ」と思いますから、家族も友人もあなたは関わる人と上手にコミュニケーションがとれるようになります。

わたしには「整えるのは自分」という意識が根付いています。たとえ目の前で何があってもどのような人がいてもその姿勢は変わりません。

だから誰とどこにいてもいつもとても楽しくいられます。

あなたも同じです、自分の感情にだけ責任を持てば、あなたはどのような状態でも居心地良くいられます。

問題はあなたが創り出している

問題は何も起こっていません。あなたが問題だと思っているからそれは問題になっていきます。

もし何か出来事が起こり、あなたが関わるならばただ「対処」をします。あなたに関係ないのであれば、出来事に関わる方々が「対処」することです。

この視点に立つことが大切です。

そうでないと、人の人生を自分の人生に引っぱりこむ癖が治まらず、あなたは感情のアップダウンを繰り返します。

まずは自分の感情を見ていてください。

休日の一人の時間で感情を見ていたら、どれだけたくさんの感情が動いていたかわかったと思います。そしてそのほとんどが「否定、批判」つまり「ジャッジ」と言われるものです。

わたしも感情を1日見ていることをした時に、あまりのジャッジの酷さで自分の性格の悪さに泣きそうになりました。

人間とはそういうものです。でも、それがあなたを苦しめるのです。

いつも何かを否定し、批判している心はとてもトゲトゲして、そのトゲは必ず自分を刺しています。


あなたも好きな「人間観察」をやめていきます。

わたしたちは多かれ少なかれ人間観察をしています。

趣味に「人間観察」を挙げる人もいます。

わたしたちは物事をそのままありのまま見るということをしたことがないので、どうしても自分のものさしを持ち出してジャッジをしてしまいます。

そのほとんどは「わたしならあれはしない」「あれは無いよね」「変な人」などネガティブに偏ります。

ポジティブなことだけ思うならば人間観察をしても良いと思うかもしれませんが、ポジティブなことも自分と比較すれば自分へのダメ出しになります。

あなたの中にネガティブな感情が少なくなっていけば、自然と物の見方はポジティブになっていきます。

人間観察をやめるのは、自分にもっと集中していくためが1つと、他者には他者の人生があることを知るためです。

そしてさらに進んで出来事、つまり現実をそのまま見ることが「あなたが揺れない」、「ブレない」、「平和」でいることに繋がります。

そのままを見るという視点だから「問題ではないことを問題だとしていた」ことに気付いていきます。

出来事を問題にしないでただ感情を見るから、あなたはその現象に引っ張られなくなります。

◆それ過去の出来事？　夢で見たこと？

わたしたちの脳は記憶や思考を司りますが、実はとても曖昧です。

友人や家族との間で過去の話をしていた時に、話のつじつまが合わなかったことがありませんか。

行った場所、時期、その時交わされた会話、お互いの行動、それらはすべて、それぞれの人の記憶の中だけに存在しています。

写真やビデオで行った場所や時期が残っていたとしても、そこで交わされた会話のすべてが録音されているのではないので、やはり記憶の中に留まります。

ある時、朝起きてからしばらくして、「起こっていない出来事を現実にあったことだと勘違いしてしまうかも」と思った時がありました。

それはいつもの日常の食卓での夢でしたが、あきらかに現実で前日に作ったものとは違うものが夢に出てきました。わたしは一瞬、どちらを本当に食べたのかわからなかったのです。

そのくらい過去は曖昧ですが、過去の思い出は必ずしも良いものばかりではなく中にはトラウマや心の傷と呼ばれるネガティブな思い出もあります。

あなたにとってネガティブな感情を残す過去は、「過去を思い出した時」に嫌だった感情だけに焦点を当てて「もう使わない♡」「本当の感謝に戻ろう♡」と手放してしまいます。

思い出した時にと付け加えたのは、わざわざその過去を思い出す必要がないからです。わざわざ思い出してしまうとそこに意識が向き、今、目の前でその辛い過去が展開されてしまうからです。

だから思い出した時で良いのです。

実は面白いことに、今、ここでネガティブな感情を手放していくと、過去の嫌だったことも薄れていきます。

人間の脳の記憶、思考はコンピューターのようなものなので、上書き保存をします。

恋人と別れたりすると良かったことばかり思い出す人がいます。これは別れた時に上書き保存されるからです。

わたしの父は数年前に亡くなりました。

父の生前、母は時々普通の夫婦らしく父の愚痴を言っていましたが、今は完全に父が上書き保存されて、「最高の旦那様だった」と言います。

それで母は幸せなのでわたしは良しとしています。

記憶の中の過去はその人にとっての真実なのでしょう。

だからそれで良いのです。


過去の嫌なことが薄れてくるとお伝えしたように、感情を手放すと自動的にあなたが納得する形で過去の上書き保存が行われます。

学生時代の辛い日々は今の糧になり、嫌な人は人生のきっかけや気付きを与えてくれた人へと記憶の中で変わっていきます。

そうするとあなたにとってもう過去の出来事はトラウマでも、今のあなたの足をすくませるものにもならなくなっていきます。

意識を結晶化させる力があるわたしたちは、辛い過去を何度も繰り返し思い出しているうちに過去にどんどん味付けがされ、ストーリーが付け加えられていきます。

もう二度と繰り返したくない、思い出したくない過去であるなら、感情を手放し、物事をそのまま見て、その過去をあなたの気付きや人生のきっかけに変えてしまいましょう。

過去も未来も今のあなたの目の前にはありません。

過去に意識を飛ばして怒りに震えたり、罪悪感を持ったり、未来に意識を飛ばして不安になったり、自分以外の誰かのことを考えていると、目の前のことが適当に流れてしまいます。

過去へ意識を飛ばさないように、未来に意識を飛ばさないようにするためには今の自分に意識を合わせます。

自分の感情を見ないことは本当に恐いことだと思います。

ちゃんと自分の感情を知って手放していかないと、無価値感や罪悪感から人を攻撃してしまいますし、さらに同じ力量で自分を攻撃します。

感情は取り外せることを知った今、もうあなたの想像で創った架空の世界のストーリーを真実だと勘違いして、人と自分を攻撃するのは終わりにしていく時です。

◆視点を高くしていくと楽に生きられるようになる

高いところからは下の景色が良く見えます。

同じ位置にいると、見えるのは同じ線上にある世界です。

高いビルの展望台から高速道路が見えます。高速道路では工事が行われていて、何キロも長い渋滞をしています。

でも、車に乗っている人は目の前に車の長い列しか見えず、どうして車が動かないのかがわかりません。だからとてもイライラしてクラクションを鳴らして同乗者や周りの車に怒りをまき散らしています。

あなたは高いビルから高速道路を見ているのでどうして渋滞が起こっているのかがわかります。

視点を上げていくというのはこういうことです。

上げていくためには、重たい感情というネガティブな感情を手放していくことです。気球は空へ上がらないために重たい砂袋を詰めていますが、空へ上がるために砂袋を地上に降ろします。

これと同じです。ネガティブな感情を持っていては高い視点に行くことはできません。

ビルの上から見ていれば高速道路以外にも色々なことが見えてきます。

駐車をするスペースを探している車がいます。

少し走って先を曲がれば駐車スペースがありますが、その車には見えないので同じところをグルグル回っています。

カフェで食事をしようとする人が長い列を作っていますが、反対側の道の奥にとても美味しそうなカフェがあります。

でもグルグル回っている車も、列に並んでいる人も目の前のことしか見えていません。

あなたは自分の家の前の道路に立って、先に広がる景色を見ようとしますが、目の前の壁や家々に阻まれているので、あなたの目には家の前の道路とそこを行き交う車や人しか見えないでしょう。

でも、家をいくつも越えた先では子供たちが公園で遊んでいて、その先には緑が綺麗な野原があるかもしれません。

今は視点が高くないので、存在しているものが見えないのです。

けれど、ネガティブな感情を手放すだけで色々なことが見えてわかってきます。

たとえ誰がどんなことで怒っていても、あなたの隣でカップルが喧嘩していても、家族がもめていても、友人が愚痴を言っていても、あなたはどうしてそういうことになっているのかわかります。

高い視点は多角的な視点とも言います。

多角的に物事を見るから「なるほど、そういうことか」と納得でき、怒りや苦しみ、悲しみなどに心が傾かず、落ち着いていることができます。

あなたの目の前でネガティブな感情に飲み込まれている人がいたとしても、あなたが「変わる」と決めた様に、その人も「変わる」と決めさえすれば平和になれることをあなたは知っています。ですから、どのような状態の人にも「今この人は自分の人生を全力で生きているのだ」と思えるようになります。

色々なことが多角的に捉えられるから否定、批判、ジャッジがなくなり他者の生き方に敬意を払えるようになるのです。

最初は休日などを利用して自分のネガティブな感情を手放す練習をしてみてください。

慣れてきたら今度は日常の普通の生活をしながら、感情を手放す練習をしていきましょう。

自転車に乗るのも、跳び箱を跳ぶのも練習をしたように、わたしたちは練習をすることで出来る様になります。

自転車の乗り方を練習した時には、ペダルやハンドルではなく、先の景色を見ました。跳び箱を跳ぶ時にも、跳び箱を見てしまうと手を置く位置が手前になりお尻をついてしまいますから、跳び箱のその先を見ました。

ネガティブな感情を手放す時も、ネガティブな感情を見てしまうと、どうしてもその感情に浸ってしまいます。

なりたい自分へと意識を向けてリラックスしていることが大切です。

高い視点からは色々なことがわかるようになり、何よりも生きるのが楽になります。生きるのも楽になり、人の生き方をも尊重できるのは素敵なことです。

◆「わたしどうしたい？」本心を知る

「あれが欲しい」「あそこに行きたい」わたしたちの欲望は留まるところを知りません。

「あれが欲しい」の後ろには「手に入らないかも」、「あそこに行きたい」の後ろには「行けないかも」という焦り、不安と恐怖が隠れています。

高級バッグや洋服など予約してまで欲しかったものが、手に入ったとたんにもう満足して使わない、着ないという経験はありませんか。

「手に入らないかも」という気持ちが手に入ったことで落ち着いたからですが、欲しいからと手に入れていては、あっと言う間に破産してしまいます。

先ほどお伝えしたように心の声は具現化しなくても満足します。

でも、そこに焦りや不安、恐怖があれば、本当はどうしたいのか自分の心を見失うばかりです。

「高級ブランドのこの新作のバッグが欲しい」と思った時にはわたしたちはバッグに意識が集中しているので下に潜む感情を見ていません。

だから「わたし本当はどうしたい？」と落ち着いて聞いてみます。

まずはどうしても手に入れたいという「焦るような気持ち」を「もう使わない♡」「わたしは平和に戻る♡」と一旦落ち着いて、冷静になります。

そうしてもう一度心と向き合うと、そのバッグを手に入れることで「羨望の的になりたい」、「心を満たしたい」、「他の人に取られてしまう」、「セレブだと思われたい」などなど色々な感情があることがわかります。

これは「自分で自分を満たすことはできないから、何か外側のもので自分の心を埋めたい」という、「自分は足りていない」、「不足している」という無価値感を使っています。

ですから、これらの気持ちを「もう使わない。わたしの心はすでに豊かで満たされ

疎外感
嫌い
妬み
怒り
後悔
迷い
恥
自己嫌悪
悲しみ
恐怖
ガミガミ
無価値感
不安
苦しみ
罪悪感
イライラ
劣等感
心配
愛に戻る♡
ありがとう♡
もう使わない♡

ている」もしくは「愛に戻る♡」「感謝へ還る♡」「喜びになる♡」どのような言葉でも良いのであなたが1番しっくりとくる、心地の良く感じる言葉を心の中であなた自身に伝えます。

そうして少しでも良いのでスッキリとした、広がった、あたたかくなった「心」にもう一度「わたしどうしたい？」と聞きます。

心は自分の声を聞いてくれたことに満足して「たくさんバッグは持っているから、今のバッグを大切にする」と言うかもしれませんし、「やっぱり、あのバッグが欲しい」と言うかもしれません。

どちらにしても「焦り」「不安」「不足感」などのないあなたが出した答えです。

買わなくてもあなたは今持っているバッグを大切にするでしょう。買ったとしてもあなたはそのバッグを大切に使うでしょう。

欲しいと思ったら必ずしも買うことが満足に至るのではなく、買わないとしても自分の心の本当の声を聞けばそれで満足することもあります。

もし友人から「欲しいって言っていたのに、どうして買わなかったの？」と聞かれても「たくさん持っているのにどうして買ったの？」と聞かれても「わたしがそう決めたの」という清々しい自己責任でいられるでしょう。

旅行の予定を立てている時に、「この旅館に行きたいな、電車はこの駅で乗り換えて、乗り換え時間が少ないから走って、旅館に着いたら荷物を置いてこの名所に向かおう、その前に名所について少し情報を得ておこう」とスケジュールを組んでいると、その時に「この旅館に行きたいな」「乗り換え時間は間に合うかな」など期待や不安などの様々な感情が出てきます。

そして、「やっぱりこの旅館素敵だな」「乗り換えが間に合わないならタクシーで行こうかな」など感情を一通り感じてしまうと「あれ、行かなくても良いかも」となることがあります。

それはたくさんのネガティブな感情が手放せたからと、心の声をちゃんと聞いたからです。

わたしは旅行に行くのが好きですが、行きたいと思う度に行っていたら仕事も家庭も滞ってしまいます。

そんな時は「エアートリップしよう」とインターネット上でいろいろと飛び回っています。

夕食後、仕事も家事も終わった寝る前の数時間は、わたしにとっては大好きな旅行タイムです。

たくさんの感情を手放して、自分の心の声を聞いて実際行かなくても満足しますが、わたしたちは肉体を持っているので、「心から行ってみたいな」と思えば行ってみます。そして短い時間でも良いので、滞在し存分にその場所の空気感を楽しんでエネルギーをチャージしてください。

それがレストランであれ、公園であれ、1番はその場を心から楽しむことが大切です。

せっかくの人の時間です「行ってみたいから」「そうしてみたいから」「好きだから」という純粋な気持ちで思い切り楽しんでください。

清々しい、言い訳のない、「平和な自己責任」で「自分に正直に生きる」のは本当に気持ちの良いものです。

「本当のあなた」という言葉を聞いたことがあると思います。

でも、どういうわたしが「本当のわたし」なのか皆わかりません。

ネガティブな感情を手放して、心の声を聞いていくことで、あなたは自分を取り戻し、自分で自分を満たせるようになります。

◆「好きなことをする」がわがままになってしまう理由

「ワクワクに従う」という言葉が流行っています。わたしがお伝えするところの「心の声」と同じ言葉です。

「心の声に従ってくださいね」とお伝えすると、ほとんどの方が「そんなことをしたら世の中はめちゃめちゃになります」「わがままで、自分勝手ではないでしょうか」と言います。

もちろんワクワクだけに従うとしたら、現実を「ワクワクしないから行動しない」「ワクワクするから行動する」という2択になります。

それはもちろん自分勝手です。

何に対してもワクワクするから行動する、ワクワクしないから行動しないだけの2択でいると、現実を好きか嫌いかだけで判断する自分勝手で気性の激しい人になってしまいます。

心の声は自分勝手にはなりません。

わたしがお伝えしているのは「ワクワクにだけ進む」「引き寄せ」「直感を磨く」ということではありません。

自分勝手になるのは、心で思ったことを具現化しようとするからです。

洗濯やアイロンがけはワクワクしないからしない。

残業はワクワクしないからやらない。

Aさんがいるから食事会にはワクワクしないから行かない。

ワクワクするからお金がなくても高級バッグを買う。

「そんな自分勝手なことをして、あなたがしない残業や子供の世話などの尻拭いは誰がするのだ」と思うでしょう。本当にその通りです。

ワクワクに進むということが現実世界とマッチしないで、「ただの自分勝手」になってしまうのは「ワクワクすることを具現化する」と勘違いしているからです。

目的は**「いつも平和で、穏やかな心で生きること」**です。

その上で、自分が1番心地好い、そうしたいと納得することを選択していきます。

ですから1番心地好い、自分が納得することへ進む上で障害になるネガティブな感情を手放していきます。

ネガティブな感情を使うから、心がそちらへ傾きます。

ネガティブな感情を使うから、あなたの生きる世界は苦しくなります。

周りがすべて敵のように思えます。

ネガティブな感情を使うから、あなたは今の場所から動けないのです。

「問題」があるとしたら、それはネガティブな感情を持ち続けて使っていることです。

お財布に入っているのは1000円なのに、2000円のステーキが食べたいからと食べて半分しかお金を払わなければ、それはわがままで自分勝手です。

高級バッグが欲しいからと、貯金をどんどん切り崩して家の大切なお金に手を付けるのもわがままで自分勝手です。

「欲しい」、「食べたい」、「行きたい！」と思った時に、自分の心に意識を向けると必ず「焦り」や「不安」「恐怖」などの何かしら「ザワザワする」、「重い」、「緊張が身体に走る」、「気持ちが急ぐ」こういった冷静で、落ち着いてリラックスから遠ざけるような重たい、居心地の悪い感情があります。

ここを「もう使わない♡」「平和に戻る♡」とあなたの意識でちゃんと「落ち着いて」、「冷静」で「平和」な感覚に戻り、もう一度「わたしどうしたい？」と聞くと必ず、「高級バッグを買ったら人からうらやましいって思ってもらえる」「ストレスがあって食べ物で気持ちを紛らわせたかった」など「なぜそう思ったのか」という理由を心が伝えてきます。

理由を聞いて「そうか、そういうことだったのか」とあなたは納得できます。その上で「ではどうしましょう」とまた心に聞きます。

そして、「お財布には1000円あるから1000円以内で食べられるものを美味しくいただこう」「高級バッグではなく、こちらの使い勝手の良いものを大切に使おう」とあなたは自分で答えを出します。

そうして出した答えは「わたしが決めたのだ」と腑に落とすことができます。

ネガティブな感情を手放して、その奥の本当の心の声を聞いて自分に一致していくという一連の作業をして、自分勝手やわがままになるはずはありません。

むしろわたしがそう決めたのだと納得できれば、周りがどんなに、あなたに何かを言っても、あなたは「わたしがそう決めたのよ」と心の中は平和で穏やかです。

生活をしていると本当にたくさん自分の気持ちを揺さぶる出来事に遭遇します。

それが人生の一大事のような「おおごと」に思うことならば、周りに相談をしたりして、さらにあなたは混乱していきます。

こんな喩えはいかがでしょう。

あなたは地方で家業をしている実家から離れて東京で仕事をしています。

仕事も楽しく昇進もしています。

その時、家業を継いでいたお兄さんがあなたの両親と喧嘩をして家を出てしまいました。

あなたは「実家に帰って家業を継いで欲しい」と言われて困ってしまいました。自分が継がないと継承者がいないのは知っています。

こういった人生の中の一大事とも言えるあなたの人生を丸ごと変えるような時、あなたは色々な人に相談をして、一人でああでもない、こうでもないと悩むでしょう。

この時、わたしはあなたに、ご自身の人生とご両親の人生をごちゃごちゃにしないようにお伝えします。

1番「してはいけない」のは後悔です。

家業が途絶えてしまう。

両親に申し訳ない。

お兄さんが悪い。

家業の仕事をしたい訳ではない。

せっかく東京で上手く行き始めているのにどうして帰らなくちゃいけないのだ。

色々な気持ちが駆け巡るでしょう。

でも、**一旦自分の人生と、ご両親の人生をわけることが大切です。**

そうして様々な罪悪感、不安などをリラックスした中で「もう使わない♡」「本質の感謝に戻ろう♡」と柵のない自分に戻り、「わたしどうしたい？」「本当はどうしたい？」心に聞きます。

築いてきたキャリアを捨てるのが残念とか、両親に悪いからではなく、**「あなたがどうしたいか」**が大切です。

そして出した答えはこれで良かったとあなたを満足させてくれます。

わたしたちはどうしてもこれまでの人生の癖で「正解」「不正解」「成功」「失敗」「～のため（自分が我慢すればいい）」を判断基準にします。

自分の気持ちではなく現実を見て判断しようとします。

「相談」することが悪い訳ではありませんが、人にはそれぞれの考え方、価値観があります。

誰にでも、根底には「自分にとって都合の良いように変わって欲しい」「自分は正しい」「相手をコントロールすることで満足する」「アドバイスに従ってくれたから自分は認められた」などの無価値感を持っています。

あなたは「自分が納得できる答え」や「自分が考えていることは正しいという答え合わせ」「背中を押して欲しい思い」を外側に求めます。

あなたの気持ちに沿うようなことを誰かが言ってくれれば「そうだよね。わたし間違えてないよね」と安心しますが、あなたの考えとまったく違うことを言われたら、あなたはさらに混乱していきます。

大切なのは「こうすれば良かった」「こうしなければ良かった」と「後悔」をしないこと。自分で納得しないとあなたの押し殺した感情の矛先は「〜のせいでわたしの人生は狂ったのだ」と他者へ向かっていきます。

わたしは過去に両親や、人の顔色ばかり気にして自分の気持ちを大事にすることができませんでした。

あなたが選んだならばそれで良いのです。

あなたの本当の気持ちとあなたの人生を大切にしてください。

あなたが自分の気持ちを大切にした時に、あなたは必ず、他者の気持ちも大切にすることができるようになります。

◆ちゃんと自分の気持ちを言動で表現する

ます。

「納得」と「我慢」をはき違えないでください。

わたしたちは簡単に人の顔色を見て、周りの反応を見て、自分の言動を変えていきます。

それだけでなく、世間はこう見る、周りはこう感じるだろうと様々に想像を巡らせて自分の感じることを言葉にしなかったり、感情を押し殺したりします。

我慢は「気持ちを押し殺すだけ」なので「平和で穏やかではありません」。

今日から言動は自分のためにすると決めます。

相手には相手の考え方と価値観と人生があります。

自分のために言葉を発しないと、「こんなに言っているのに、どうしてこの人は変わらないのだろう」「どうしてわかってくれないんだ」と、また相手をコントロールしたい気持ちがムクムクと湧き上がります。

人は皆、別々の世界に生きているとお伝えしました。

だから、あなたはあなたの生きる世界に誠実になる、そのためには「あなたのため」に発言をしていきます。

ある日わたしはランチをするためにおそば屋さんに行きました。

店内は少し混んでいましたが、奥にある6人掛けの広ぃ席に通されました。

数分後に1人の女性がわたしの相席になりました。

しばらくして、わたしより後に相席になった女性のおそばが先に来ました。

店内に入った時から、店員さんは心ここにあらずの状態で働いることがわかっていたので、わたしはいつものようにずっと自分を見てネガティブな感情が上がればただ、それを手放して自分の内側だけを見ていました。

相席になった女性のおそばを運んできた店員さんがわたしに「まだおそば来ていませんか?」と言いました。

まだ来ていないので「はい」とだけ言い、わたしは自分のために「わさびを多めにくださぃ」とだけ言いました。

わさびを直接おそばにつけて食べるのが好きだからです。

「どうしておそばが来ないのか?」「注文を厨房に通したのか?」と聞くよりもその時は「わさびを多めにください」と言うことがスッキリすると思ったから、そうしたのです。

たくさんネガティブな感情を手放して、わたしは平和に戻り大好きなわさびをおそばにたくさんつけて食べて、穏やかにランチを終えました。

今までは会話をすると、それに対しての返事をしてきました。でも、もう今日からは、相手の言動に対しての対応はしません。

もし、あなたの友人が愚痴や噂話をしていても、「楽しそうね、イキイキしているね」と思い、それを言いたいならば愚痴を言っている友人に「いつも楽しそうだね」と言います。

「楽しくないよ！　わたしは文句を言っているんだよ」と言っても、あなたが楽しそうだなと感じそう言うことがスッキリするならば、「わたしにはイキイキと楽しそうに見えるよ」と言います。

これまでのように同調して「それ酷いね」と言わなくていいのです。

友人の出来事はあなたではなく、友人と関わる人の間で起こり、その人々にとって何か必要なことなのです。

もうあなたの人生に、誰かの人生を引っ張り込む癖はやめていきます。

自分の人生のみにあなたは責任をとって、スッキリと平和で穏やかに生きることを目指していきます。

これは「神対応」をすることではありません。

「神対応」は誰か相手がいるから、「対応」をします。

「愛や感謝からの言葉を伝えなくちゃ」「これを言うのは愛からの言葉なのかな」としていると、これは愛じゃない感謝じゃないと混乱し自分を狭めて追いつめていきます。

わたしの家の周りは遊歩道になっています。遊歩道なので、車、バイクは禁止で自転車からは降りて押してあるくように数カ所の看板に書かれています。

子供たちが遊んでいたり、ベンチでは読書をしている人がいたり、近所の人がおしゃべりをしていたりします。

けれど自転車に乗っているほとんどの人は、自転車を降りることはなく、見通しの良い道のためかスピードもだして遊歩道を走ります。

1日3回の犬の散歩をしているので、自転車と接触しそうになり危ない思いもしました。

「危ないな」「やめて欲しい」「危険だ」という感情をもう使わないと手放してもまったくスッキリしません。

それどころか、自転車の走行がますます気になるようになりました。

ある時に「あぁ、そうか、わたしは言動でちゃんと表現をしていないんだ。だからスッキリしないんだ」とわかりました。

「自転車を降りろ」「ルール違反だ」などの相手を思う様にしたい、悪い事だと認めさせたいというネガティブな感情を「もう使わない♡」と決め、冷静になり「この人たちには、この人たちの人生があるんだ、わたしは自分がスッキリするためにちゃんと表現をしよう」と決めました。

その日も犬の散歩中に、自転車に乗ったまま遊歩道を走る人に出会いました。すれ違う時に「ここは自転車は禁止ですよ」とただ自分のために言いました。

もちろんその人は自転車から降りることもなく、走り去っていきましたが、わたしは、そうちゃんと言葉に出したことで本当にスッキリとしました。

今も変わらず、自転車はたくさん走行しています。でも「急いでいるんだな」くらいにしか思わず、気になりません。

むしろ自転車を押して引いている人には感謝の気持ちが湧き上がります。

そして自分のためにリードは短く持ち、犬にはわたしのすぐ横を歩いてもらいます。わたしにぴったりとついているので犬も嬉しいようで、ニコニコしながらわたしの顔を見上げます。

自分が変わることで同じ現実も捉え方、見え方はまったく変わります。

だから人のことは気にせずに、あなたは自分の心に一致して生きることが大切なのです。

目的はあなたが毎日スッキリとして平和でいることですから。

◆メディアは自分のために上手に使う

世の中はメディアが創っているといっても過言ではありません。

メディアとは、テレビ、ラジオ、インターネット、SNSなどです。

政治、事件、事故、ゴシップはもちろん流行のお店、食べ物、洋服もメディアと関わる人や団体によって作られて流されています。

ファッションは実際のシーズンの2年前に流行色が決まり、その後素材、形などが決まり、「来春はこれが流行る」「春までに買っておくべきアイテム」などの発信が行われます。

あなたが着ている服は流行するように作られています。

メディアで取り上げられるお店も流行します。

あるお店が放送されると、とたんにものすごい列をなして何時間、時には1年待ちなんてことも起こります。

インスタ映えするお洒落なカフェもケーキも仕掛け人という人たちにより流行らせようという仕掛けが行われています。

一見自分で考えて行動しているように見えても、実はそうではなく、メディアの思うままに動かされています。

そうは言ってもメディアは情報をたくさん持っています。自分らしく楽しむためには「わたしはどうしたい？」とちゃんと自分に聞いて情報を精査して取り入れるのです。すべての情報を鵜呑みにしないことは自分軸を創る上で大切です。

評価も同じです。

インターネットショッピング、ホテル、レストランの評価。口コミ。

もちろんそれらが参考になることもありますが、それでもその内容を鵜呑みにはせず、ちゃんと自分で判断することが大切です。

政治も事件もその他様々な情報は、衝撃的で興味を引かれるような内容の方が、人の無価値感、罪悪感を刺激するので大騒ぎになります。

SNSの誹謗中傷も同じです。自分で精査しないので、無価値感という武器を使い回してあれは良い、これは良くないと大騒ぎをします。

「誹謗中傷をされている人」は、誹謗中傷をしている人たちの、それぞれの考え方や価値観、ものさしで創り上げた「架空の人物」ですから現実には存在しません。

どこにも存在しない人を現実に生きている人に当てはめて大騒ぎをしているだけですから何を言われていても気にする必要はありません。

誹謗中傷だけでなく、わたしたちは人からの「評価」がとても気になります。

「評価」はそのまま自分の価値にもなっていくからです。

「評価」が上がれば評価されたと安堵し、「評価」が下がればもうわたしは必要ないのだと自分を追い詰めます。

Ｆａｃｅｂｏｏｋやインスタグラムの「いいね」などで評価され、承認欲求が満たされていると「いいね」がつかないと、とたんに不安になります。

周りにどんなに「あなたは大切だよ」「あなたは素晴らしい」「今は長い人生の中で少し休憩する時だよ」と言われても「わたしは価値がない」と強く焦点を向けると意識は「無価値感、わたしなんかいない方がいいのだ」と暴走していきます。

人は「不安など重たい感情でいる方が楽だ」とお伝えしたように、ただ現実に対して「ああでもない、こうでもない」「どうせわたしなんか」と文句と愚痴を言いながら生きる方が実は楽なのです。

「そんな風に生きるのは嫌だ」と言っても、その生き方をやめないのは、理由の１つとしては楽だからです。

何か出来事が起こり、自分にとって都合が悪ければ、「世の中が、政治が、会社が、親が、友人が悪い、どうせわたしは世の中に必要とされていない」と感じれば、外側という現実だけに意識が向き、自分の中の無価値感や罪悪感を見る必要がないからです。

「デジタルデトックス」をすると、今までいかに情報に振り回されて一喜一憂していたかわかります。

流すように見ていた情報に触れないので、自分と向き合うしかなくなります。

そして世の中に充満する情報を取り入れていない自分に、不安を覚えることもわかります。

あらゆる方法でわたしたちは自分を無くし「簡単に洗脳」されることを許していま す。

インターネットが普及し始めた頃、ネットニュースを見て世界中の事件事故を拾い集めているのがわかり、自分の目の前のことも処理できないのに、世界中のネガティブなことまで知る必要なんてあるのかなと思いました。

それらの情報はわたしたちに真実を教えることもなく、自立させることも、幸せにすることもありません。

自分の足で立つことがこれからの時代の鍵です。

様々な価値観やものさしを無くして、現実をそのまま見て、自分で気付き、自分で物事を決めていく力を養い、言い訳のない清々しい生き方をしていく。

それが、何が起きても平和で穏やかでいる自分軸を創ることになっていきます。

これから一生「デジタルデトックス」をしてくださいと言っているのではなく、自分の価値基準がデジタルに依存していたことを知るためと、必要のない情報を入れないためです。

「このテレビを見ていないと話に乗り遅れる」と周りを気にしていた自分に気付き、そこから自由になっていくのです。

メディアの情報によって一喜一憂していたことに気付き、客観的になるから、自分で認知していないところで簡単に情報操作をされて、メディアに洗脳されていたこともわかります。

ある事件が起きると、世の中にはそれしか起こっていないように各局で同じ内容を取り上げます。先日ある事件を見て不思議だったのは「被害者の情報」だけが報道され、加害者の名前がどこの局でも伝えられなかったことです。被害者だけが名前、生い立ち、顔写真をさらされていました。

被害者と加害者の間にはお互いの中で解決することがあります。

でも、それを関係のない人たちが自分の考え方、価値観、ものさしを持って騒ぎ立てます。

こういった混沌とした、殺伐とした世界で、「被害者は守られるべきだ。あなたたちは間違えている」と騒ぐよりも、根本的に意識を変えてしまう方が早いし、確実だと思っています。

ネガティブな感情を手放して「平和」になる方法を100回以上のワークショップを通してお伝えしていますが、わたしのお客様は、もうほとんど情報番組を見ていません。「わたしはどうしたいか」という道を歩くことで、ご家族共々心から毎日が平和になっているのを知っているからです。

◆ブレーキはあなたがかけている

あなたを狭めているのはあなた自身です。1番あなたを狭めるものは「人からどう見られるか、思われるか」です。

それは世間、親、親戚、友人などいろいろでしょう。

わたしはむかしから「世間」はどこにあるのだろうと思っていました。「結婚しなくちゃみっともない」「仕事をしなくちゃみっともない」という世間はどこにもなくあなたの中にあります。

つまり、あなたの生き方にブレーキをかけているのはあなた自身です。

「本当は結婚はしたくない（かもしれない）」のに、年齢、婚活の情報、友人からの結婚報告、妊娠の報告、親からの期待、親戚からの期待「いつ結婚するの？」「結婚はどうするの？」「結婚するのが当たり前」「良い人が見つかるといいね」と言われて、本当は結婚したい訳ではないのに、いつの間にか自分を見失い「結婚したい」「結婚しなくちゃ」と思い婚活をはじめたりします。

これは「当たり前」という「刷り込んだ価値観」からきています。

結婚するのが当たり前、結婚したら子供を持つのが当たり前、子供を持ったら家を買うのが当たり前、40歳になったら昇進するのが当たり前、など「当たり前という呪縛」があなたを縛っています。

世間はありません。

世間があるとあなたが思い込んでいるだけです。

周りがあなたに何を言っても、その人は自分の考え方や価値観を話しているだけです。

普段は家事、犬のお散歩、セッション、ワークショップなどが忙しいので、静かに自分に向き合ったり、エネルギーの調整をしたりと自分を整える時間を作るために一人旅に行きます。

初めて一人で旅行に行こうと思ったのは2018年の6月でした。

それまで一人で旅行に行ったことのないわたしは「一人旅なんて寂しいって思われないかな」、「美味しそうなご飯屋さんに行きたいけど車がないし」、「周りはカップルばかりだと嫌だな」と動きたいわたしを色々と引き止める理由が出てきました。

それでも、生き方を変えたかったので「そうだ、わたしの生き方を狭めているネガティブな感情を手放すために旅行に行こう」と気持ちを切り替えました。

初めて一人旅で向かったのは宮古島からタクシーで（自動車の免許を持っていないので）20分ほどの離島、伊良部島でした。

2泊3日のわたしだけの時間、ネガティブな感情を手放して自分を取り戻すことだけを目的にしていたので、「わたしどうしたい？」と自分と向き合い続けた、本当に実り多い時間でした。

わたしが人生で「この瞬間だけを生きる」ためのスタートに立った時でした。

これまで一人で旅行は寂しいという意識を結晶化していたので、「一人旅行をしている人は寂しい」という目で見ていました。

でも、この2泊3日は自分だけのもの。

わたしは存分にわたしと向き合い、楽しませるのだと決めたあの日のことは、今も鮮明に覚えています。

行きたいライブ、レストランなども、あなたは「ネガティブな感情を手放す」ことを目的にぜひ「自分に向き合うため」に行ってみてください。こんなにもたくさんのことができる、行きたいところに行けると驚くはずです。

そして「恥ずかしい」、「寂しい」という感情があったから「恥ずかしい」、「寂しい」を体験、経験させていたのだと気付きます。

一人旅は自由で楽しくて幸せならば、あなたはそれを体験、経験します。

同じ様に少し苦手な場所にも「ネガティブな感情を手放すため」として行ってみてください。

「行ってみたら楽しかった」と思ったら、これまであなたを動かさなかったのは「ネガティブな感情」だったとわかります。

カフェでも日帰り旅行でも、行きたいところには一人で行けて自由に動き、その空気感を感じることができるのは本当に幸せです。

誰かがいないと動けないのでは、あなたは自分の行きたいところに一緒に行ってくれる人を探し続けなければならないし、行った先でもどこに行こうかと、意見が食い違ったり、寝る時間、お風呂に入る時間を調整したり気を使い疲れてしまいます。

友人と旅行に行ってそれぞれのペースが違い仲違いしてしまったこともあるでしょう。

けれど、「何が起きても平和である」という自分軸を創ると、一人でいても楽しくて幸せだから、誰かといても楽しくて幸せになります。

「こんなことは無理」、「わたしには出来ない」、「これがわたしの性格だから」と、あなただと思っていたのは本当はあなたではなかったのです。

小さくまとまって安心していたのは、「その方が攻撃されない」、「波立たない」、と「自分を守るため」でした。

あなたはわざわざ小さくまとまらずに、「どのようにでも出来る、その上でわたしはこうしたい」と自分で人生を決めて良いのです。

わたしは「何事においても起こりえないことはない」と思っています。

実際に世界を見ても、コロナウイルス、失業、自分の病気、家族の病気、事故、核戦争、地震、台風、大雨とわたしたちを取り巻く世界では様々なことが起こります。

それだけではなく、生活をして仕事をしていれば、寝坊してしまった、仕事に間に合わない、発注ミス、人身事故、子供が学校に行かない、予約したはずのものが来ないなど数え切れないくらいのことが起きます。

こんなにも色々な出来事が起こる世界で必要以上に「予測して備えて、起こることを想定して引き出しをたくさん持つ」と「起こるかもしれない、起きたらどうしよう」と不安に焦点を当てて苦しくなりますし、起こった出来事にいちいち反応していては身が持ちません。

「何事も起こりえないことはないのだ」と落ち着いていることがとても楽です。

予想外のことが起こっても落ち着いているからこそ、色々な角度から物事を見ることができます。

そしてカッと頭にきて自分を見失うことがなく最善の対処ができるのです。

他人の舞台に上がらない

◆占いは好きですか？

占いは好きですか？

朝は今日の運勢が各局で放送されています。「星座、血液型」すこし凝って心理学的なものまで。

取り入れたいと思えば「運勢学」「占星術」「血液型占い」などを始めとしたあらゆる「占い」を取り入れることができます。

ほとんどの占いは「統計学」から出来ているのをご存じですか。

統計学とは簡単に言えば「平均値」つまりたくさんのデーターを計算して平等値を算出するものです。わたしから見ればとても小さな制限の世界です。

星占いは12星座、血液型は４つです。

運勢学などにしても、あなたと同じ西暦で同じ誕生日の人はいったいどのくらいたくさんいるのでしょう。

占いを１つの指針としてみるのは良いと思いますが、わたしたちは**意図を向けた先が強く結晶化します**。

占いで「あなたは今の彼と別れますよ」と言われたら、その言葉はあなたの中に残り「別れるほうへ、別れるほうへ」と気持ちが向いていきます。

「2年後にあなたのご主人は浮気しますよ」と言われたら、あなたは無意識の中で「もしかしたら、もう浮気しているんじゃないか」と疑い、「今は幸せだけれど2年後には浮気されるんだ」と2年後に限らず今から苦しいものになるでしょう。

恋人ができても、その人の血液型や星座があなたとは相性が悪かったら、喧嘩の度に「やっぱり相性が悪いから」と思うでしょう。

そのくらい意識を向けたことは心の中で硬く結晶化します。特に恐怖や不安を煽ることは心に残りやすいのです。

おみくじも元日に凶を引いたら、これから始まる一年間が暗くなります。

「あなたは将来、命にかかわる病気になる」「あなたの娘には結婚しても子供はできない」「あなたは離婚する」などの占いや予言は心に留まりやすいのです。

命を持って生きているわたしたちには平等に「寿命」がありますが、どのように高名な占い師であっても寿命は決して言ってはいけないという決まりがあります。

「あなたの寿命はあと○年です」と言われたら、あなたのパワフルな力はその年齢に意識を合わせていきます。ネガティブな感情は人を死へと追い込むことができます。

死ぬことがなくても、重大な病気を患うかもしれません。

ご両親や、パートナー、ペットの寿命を聞いたら「あと○年しか生きられない」とあなたは彼らにエネルギーを送り続けることになります。

大きな病気で、医者から余命宣告をされることがあります。「お医者さんの言ったように、本当のその時期で亡くなる」という話を聞いたことがあると思います。

たとえ本人が聞いていなくても、家族があと「○ヶ月」とそのエネルギーを送れば、知らないうちに患者本人もそのエネルギーを受け取ってしまいます。

厄年も同じです。寿命がとても短く、医療も発達していない頃には、そういった暦を用いて病気やケガなどを予防していた時代もありました。

「厄年だからおはらいに、厄年だからやってはいけない」と厄年に意識を向けていると、本当に「失敗した」「動かなければ良かった」という出来事を生み出してしまいます。


わたしたちの意識を向けた先が結晶化するという、パワフルな力の矛先を間違えてしまうと、とても危険です。ネガティブな感情はあなたを壊すとお伝えしたように不必要な感情は手放して行く時ですし、考え方も大きく変えていく必要があります。

ある時に友人から「今は運勢的には最悪の時期なのに、あなたには関係ないみたいだね」と言われたことがあります。

わたしはその運勢学を知りませんが、仮に「今、わたしは最悪の時期だ」と意図を向けてしまったら、すべてに対して「今は最悪な時期だからこんなことが起きるんだ。最悪だからこうなってしまうんだ」と理由付けをしてしまいます。

「最悪の時期だから仕方ない」ということに意識を向け続ければ、わたしは何でもないことに対しても最悪という意味付けをして、最悪を体験し、経験することになるでしょう。

そうしたらわたしはもうそれ以上、恐くて動けなくなってしまいます。

「占い」は関係ありません。「当たった」と思うのは、あなたが自ら統計という制限の中に入り、自分のその未来を創りだしたのです。

わたしの未来と人生はわたしが創るという意識が大切ですし、他者には、それが子供であれ、なんであれそれぞれの人生があります。

娘が結婚できないと聞いて「どうしよう、どうしたら結婚してくれるのか」と焦りと不安から、「絶対結婚をして欲しい」という、自分にとって都合の良いようにコントロールしたいと思い始めます。

あなたの娘さんがまだ学生であれば、自分の将来は自分で創っていきます。

成人して独り立ちをしているなら、ご自身の人生はご自身で決められるでしょう。

何よりも結婚することが当たり前で、良いことで、結婚しないことは悪いことだという考え方があなたの中にあるのです。ですからそれに気付いて「結婚しなければいけないという価値観があったのだ」「自分の思う様にコントロールしたかったのだ」とその気持ちを手放していきます。

あなたの子供の人生は違うものです。

子供には子供の人生があります。

わたしにもバイオリズムがありますから、「動かない時期」はあります。

今は動く時ではないなと感じれば「一層自分の心と感情を整えるための時間」と考えます。

同時に家事、仕事を含めた自分の生き方をもう一度見直して、向かいたい先に指針を合わせます。

そして、動き出す時がきたら全力で動きます。

人生には、統計学とは違うあなたのリズムがあります。

その上で動かないでいる方が良い時期もあります。

その時期に「なんとか、頑張ってどうにかしなくちゃ」としても徒労に終わります。運勢学がこうだから、占師がこう言ったからではなく、自分のバイオリズムを自分で知り、ちゃんと自分で決めていくのです。

バイオリズムの見極めはネガティブな感情を手放して、「今、わたしどうしたい？どう感じる？」と心の声を聞いて、自分の行動を一致させていきます。

そうしていくと自分の進む道が見えてきます。

大切なのは「無価値感」や「罪悪感」を使わないことです。

動かない方が良い時期に「わたしなんかダメだ」「誰からも必要とされていない」と自暴自棄にならないでください。

人からの評価、世の中の評価によって、自分の価値を決めがちなわたしたちは、簡単に自分を「価値の無い人間」だとおとしめます。

感情に飲みこまれてしまわないように、「今は自分の心と感情を整える時なのだな」と、丁寧にもう手放していく感情を見て「愛に戻る♡」「平和になる♡」と自分の心の中を変容していきます。

占いその他の色々な手法が好きなら、そのまま鵜呑みにしないで自分が腑に落ちること、しっくりと心地好く感じることを受け入れてください。

そうでないと「占いがこう言っているから」と自分の軸と生き方を占いに渡すことになります。

誰かに背中を押して欲しいという気持ちもわかりますが、自分の背中は自分で押していきます。

何事も「わたしがどう感じるか」という軸を持つのです。


古代中国から長い歴史のある風水という手法も、「心地好い、落ち着く」と「わたしがどう感じるか、どうしたいか」を基本にして、インテリアなどに取り入れていきます。

「気に入る」「気持ちが良い」はあなたの「気」が入っている、「気」が良いという意味です。

あなたの気がそこに入るから、気が良いことが大切です。

風水的に良くなくても、あなたにとって気持ちが良い方を選んでください。

その方があなたも関わる人もリラックスできるのです。

「東にはこの置物を置かなくちゃ」と思っても地球は丸いので、東だと思っても、ぐるっと回るとそこは西です。

これからはいつも「わたしはどうしたい？　わたしはどう感じる？」と心に問いかけていきます。

そうして必ずネガティブな感情を手放して、本当の心の声、あなたの想いを聞いてください。

今はたくさんの人が「どうしたいかわからないんです」と言います。

見失ってしまった自分を1つ、1つ取り戻していくのに遅いことはなく、あなたが自分を取り戻すのだと決めた今が最適です。

占いその他もすがるのではなく、楽しむという気持ちで使っていけば、新しい自分の可能性にも気付いていくでしょう。

◆あなたの可能性を狭めない「好きだから」「やってみたいから」

習い事も仕事も「あなたが少しでもやってみたい」と思うことをしてください。

興味が無くなったらすぐにやめてしまっても良いのです。

「一度始めたら続けなくちゃ」というのは古い考え方で、もうそれに興味がないのなら、卒業をしていきます。

いつまでも興味のない苦しい場所に、自分を縛り付けてもがいているのは、あなたの人生の無駄遣いです。

わたしは至る所に無限の可能性があると思っています。

先日、ある食べ物屋さんのチェーン店でアルバイトから正社員になり、日本で有数の忙しい店舗の店長さんになった方と、技能を競う社内コンテストで優秀な成績を収めた方をテレビで紹介している番組を見ました。

社員になった今もそのお店のご飯が好きすぎて毎日食べても飽きないそうです。

ピザチェーン店でもアルバイトから、全店舗の約４０００人の技能検定でトップになった方もいるそうです。

「好きだから」という理由だけでアルバイトで入り、今も誰よりも仕事とお店を愛しているという気持ちが伝わってきました。

「就職のため、お金のため」と目的が違っていれば、番組で見たようなイキイキとした表情にはならなかったでしょう。

あなたがアロマオイルの香りが好きだな、習いたいなと思ったらアロマオイルについて習いに行ってください。

アロマは花やハーブに由来する天然香料ですから、アロマオイルに触れたあなたは、自然の花やハーブに気持ちが向き、実際に花やハーブを求めて山林に行くと、人の手によって荒れてしまった山林を見ます。

そして地球環境に意識が向いたあなたは、森林保護活動などの地球環境のための活動を始めるかもしれません。

最初の一歩は小さくても、あなたの可能性はどこまでも広がります。

20代の時に、わたしはそれまで勤めていた会社を退職して派遣社員になり、ある会社の受付業務に配属されました。

取引先も来訪者も、部署も多く、実際には存在しない部署名を言ってくる方もいましたし、名字が同じ社員も多数いました。

日によってビルの玄関先まで来訪者が並ぶほど、忙しい会社だったのを覚えています。

来訪者と社員を取り次ぎし、40席以上ある打ち合わせテーブルに振り分け、どの席にどの社員が座っているかまで把握する必要があり、先輩社員から「これほど仕事の出来ない人は初めてだ」と言わせるくらい、わたしには大変な仕事でした。

でも、自宅にも内線表と社員名簿を持ち帰り（今は社外秘ですが20年以上前のわたしはとにかく覚えることに必死でした）「出来ない」、「難しい」、「大変」を超えて、内線を暗記する夢まで見て、自分なりにコツを掴み、スムーズに業務をこなせる様になった頃に、わたしは会社をとても愛していました。

派遣社員でお給料も少なく一人暮らしをしていたので、生活は楽ではありませんでしたが、とにかく本当に仕事が楽しくて、会社が好きでした。

その後チームリーダーになり、当時の社長から秘書室への異動のお話もいただきました。

結果として進みたい道があったので辞退させていただきましたが「純粋にこの仕事が好き」という気持ちを教えてくれた会社には、感謝の念が尽きません。

あなたは自分の可能性を狭めないで欲しいのです。

先ほどお伝えしたように、わたしは特段資格を持っていません。

人間関係も上手にできず、感情をコントロールすることもできず、本当に生きることが苦しかったわたしは、自分を成長させたい、根本的に自分を変えたいと様々な本を読みました、でも、どのようにしても生き方も性格も変わりませんでした。

そして２０１３年の秋に今お伝えしている「心と感情を整える　セルフ・アウェイ

ク」の基礎になるメソッドを知りました。

メソッドを知っても、その内容はまだ漠然としていて、引き寄せや具現化と混同されていました。

でも、このメソッドこそ、わたしが求めていた「何が起きてもブレない平和な自分軸」を創り上げるものだと信じて、膨大な情報をひも解きながら、自分なりに基礎とステップを構築しました。

本書では、基礎を踏まえながら「平和という意識」の素晴らしさをお伝えしていますが、わたしはこの「心と感情を整える」ことが大好きなのです。

「好き」だから続けていました。

「好き」だから求める人にはその方法をお伝えしました。

求める人が多くなりワークショップもたくさん開催しました。

賛同してくれる仲間に出会い、こうしてより多くの人に伝えられるように本を出版することになりました。

わたしが、名声、お金などを求めていたらきっとこうはならなかったでしょう。

趣味も、仕事も、何者かになるためや、お金のためと、あなたの大切な時間を費やしに行くのでは、その先に広がる可能性を閉ざしてしまいます。

まずは少しでも良いから「好き」と思うことをしてください。

途中で必ず、「無理なんじゃないか」、「出来ないんじゃないか」という感情が出てきます。その感情をちゃんと手放していくことが大切です。

「出来ない、無理」があなたの本心を隠します。

「好き、やってみたい」の先には無限のエネルギーが広がっています。

好きだからこそ、もっとその先が見たいという純粋な思いには、爆発的な力がありあます。

「好きだから」「やってみたいから」には成功と失敗の意識がありません。

成功したって、失敗したって満足します。

その途中で上がるネガティブな感情は手放して、どんどんその先の可能性へ向かっていきましょう。

◆好き嫌いは実は感情が先だった！

人の前で話すのが苦手、知らない人と食事をするのが苦手、ＰＴＡの会合が苦手、一人旅は苦手、あなたはたくさんの苦手を抱えて生きているでしょう。

人の前で話すのはどうして苦手なのでしょう。

「上手く話せないから」「注目を浴びるのが嫌だから」色々な理由があると思います。

でも、あなたはもうネガティブな感情を手放すことを知っているので、その感情を手放してみるのはいかがでしょう。

「もう使わない♡　わたしは平和に、感謝に戻る♡」

「上手く話して賞賛されたい」という、人から良く見られたい自分や、「自分にはできない」という無価値感があったことに気付いていくかもしれません。

「そうしたら、なんだ、そうだったのか」と納得して、あなたは人前でも自分のために普通に話せる様になります。

以前、知り合いに異業種交流会に誘われたことがありました。

もう何年も前のことですが、以前のわたしは人見知りが強く、人が本当に恐くて苦手でしたが「心を整えるメソッド」を行っていたので、リラックスしてネガティブな感情を手放しました。

すると「わたし以外は全員知り合いの中に、一人で入って浮かないかな、歓迎されてないんじゃないかと思っていたんだ」とわかりました。

なるほど、それなら、会場に行ったら「やっぱり来なきゃ良かった」「お呼びじゃない」「疎外感」などのネガティブな感情がたくさん上がってきそうだ、せっかくだから感情を手放すために行こうと出掛けました。

結果的にその会は本当に楽しかったのです。

落ち着いているので、わたし以外の人が話している内容がわからなくても冷静に聞いていられました。わたしに話をふってもらっても、自分のために言葉で表現をしました。

「苦手」という感情は最初の障害になり、自分の世界を小さくまとめてしまいます。

今は友人の結婚式などで、見ず知らずの人の中に、一人でもまったく気になりません。気にならないどころか、堂々としていられます。

そして、いつもとても楽しい時間を過ごせます。

「一人だから」、「知らない人だから」、「行ったことがないから」、「～だから苦手」ではなく、実は「苦手という感情」が先にあります。

ただ、苦手という感情を手放すから、なんでも「出来る」ようになるとはまた少し違います。得意不得意、手先の器用さ、向き不向きはあります。

けれど「苦手だから」という心の障害、ブロックがないのは、気持ち的にとても楽になります。

苦手を手放した上で「わたしどうしたい？」と、もう一度心の声に耳を傾けて、自分の行動を決めていくのです。

わたしはお裁縫が昔からとても苦手です。母が近所に住んでいるので小さなボタン付けまでお願いにいく有様です。先日、家族が出掛ける直前にスーツのボタンがとれてしまい、「直して欲しい」と言われました。出掛けるまで時間がないので、わたしがするしかありません。

恐らく7年ぶりくらいにお裁縫道具を探し出し、「苦手」が上がってくれば瞬時に手放すことができるので、落ち着いて針と糸を用意してボタンをつけました。

結果は「しっかりつけられたな」と家族に言われたように上出来でした。

苦手がまた1つなくなり、気持ちもまた一層楽になりました。

◆他人の舞台に上がらない　静観するということ

誰にでも自分の人生があります。

人は生まれてその瞬間に、自分の人生の舞台の主人公になります。

すべての人に「自分の人生という舞台」がありますが、わたしたちは人の舞台に勝手に上がり、人の舞台の台本を変えようとします。

本当にたくさんの人が自分の舞台を放棄して、勝手に人の舞台に上がり、頼まれてもいないのに「こうするべきではない、これをしなければダメだ」と声高に叫んで騒ぎます。

親子関係、友人関係でも皆、人の舞台に上がり込みます。

人間関係がギクシャクするのは、人の舞台で大騒ぎをするからです。

代表的なものはニュースやワイドショーです。

出来事は関わる人たちの中の「体験」と「経験」で、あなたには関係ありません。

ニュースやワイドショーなどに意識を向け続けていると、人の人生に対して口出しをしているだけなので、自分の心と感情を整えるどころではありません。

「出来事はそこに関わる人同士の体験と経験」ということと、「人にはそれぞれの人生がある」とあなたは「静観」していきましょう。

「平和でいる」と「平常心でいる」は同じことです。

静観しながらネガティブな感情を手放していくと、衝動的な感情の爆発や、仕事や生活におけるトラブル、緊張、ストレスに囲まれているわたしたちの心を常に冷静に落ち着いた状態にし、その上多角的な視点になっていくので「常に平和な心、平常心」が形成されていきます。

何が起きてもあなたは「静観」してください。

たとえ目の前であなたの友人同士が仲違いをしても、両親が喧嘩をしていても、噂話や悪口が始まっても、目の前で上司やパートナーがあなたを怒鳴りつけてもです。

あなたはもう人の舞台に上がりません。

あなたには自分の舞台を整えるという、あなたにしかできないことがあります。

友人同士の仲違いも、両親の喧嘩も、誰かの悪口や噂話も、関わる人たちの中で解決することです。

目の前であなたを怒鳴る上司やパートナーも、その人の中の無価値感を使って自分の中にストーリーを創っているだけです。

あなたは静観し、あなたの感情だけを見ます。

静観する時には「落ち着いて、冷静」でいないと、人の舞台に駆け上がってしまいます。

静観しながら感情が上がってきたら「もう使わない♡」「愛に戻る♡」「感謝に還る

♡」など落ち着いて、あなたにしっくりする言葉を心で言い集中します。

わたしはこのやり方を長いこととしていますが、ちゃんとコミュニケーションはとれます。

むしろ人の余計な感情と同調しないので、ストレスがありません。

ストレスがないので人間関係は良好です。

「そうはいっても、これはあなたのせいだ、どうしてくれるのだ。と目の前で責められた時にはどうしたら良いでしょうか」という質問があったとします。

その時には「わたしのせいだ」「わたしが悪いのだ」という罪悪感を「もう使わない♡」と決めます。

起こった出来事をそのまま見て、自分のミスであれば「申し訳ありません。ごめんなさい」「最後まで対処いたします」など、自分に誠実にあるために表現します。

わたしも生きているので、これは普通の人間ならば「怒る」のだなという出来事に遭遇しますが、わたしの目的は「怒る」ことではなく、速やかに遂行してもらうことなので「怒る」ことはしません。

そして「それは違います」「わたしはそうは思いません」などの表現も自分のために行います。

冷静に落ち着いて「対処」するためには、まずは出来事を静観していきます。何が起きてもあなたは「出来事を見て」同時に自分を見ます。

舞台には上がらずに、出来事と自分を眺めて、ネガティブな感情が上がってきたら手放していきます。

日常で1つの出来事に対して、わたしたちはたくさんの感情を使います。

お店に入って「いらっしゃいませ」と言われない。注文を取りにこない。こちらが言うまでお水が来ない。店員同士がずっとしゃべっている。

注文したのに忘れられた。お会計が間違っている。

こういったことは日常でよくある出来事です。

この時に、あなたに何も感情が上がらないはずはありません。でも、いちいちイライラしていては自分が苦しいだけです。

日常を使って「批判」、「否定」、「ジャッジ」、「怒り」、「焦り」、これらをちゃんと捉えて「平和」へと戻していきましょう。

静観して、出来事を見てネガティブな感情を手放していると「自分の心の思い癖」のようなものがわかってきます。

舞台は一人一人にあり、共通しているのは出来事だけです。

登場する人は、舞台の主人公が創り出した架空の人物です。

その人が存在しないというのではなく、「その人」だと思っている人は、あなたの創り出した架空の人物です。

一人一人の舞台がある中で、ある舞台では「架空のあなた」が存在しています。「架空のあなた」は舞台の上の人たちの間で噂話の的になっています。あなたはそのことを知ると、これまでは噂の真実を確かめたり、悪口を言っている犯人を突き止めたり、怒っている人に対して弁解をしにいったりと、あなたは誰かの舞台に駆け上がり大騒ぎをしていました。

でも今のあなたは静観してその舞台をただ眺めます。眺めて自分の感情だけに集中しています。

あぁ、わたしはこういう時に「頭にきた」って思うんだな。こういう時には「えっ？　それ変じゃない」「バカじゃないの」って思うんだなと、自分の感情の使い方が見えてきます。

その上であなたは違うのであれば「それは違います」と、あなたのためにその舞台の下でただ表現をします。

表現をするのはあなたがすっきりするためです。

ここで舞台に上がってしまうと「違うとわかって欲しい」「あなたは誤解をしていると知って欲しい」など相手の舞台の脚本を握りしめてしまいます。

静観をして手放して「平和」でいる時間を長くして、いつも落ち着いていると、自分がどういった感情の使い方をしているのかわかってくるので、自然と相手がどういう感情を使っているのかも見えてきます。

そうやって眺めていると、人は舞台の上で出来事に対して、感情という小道具を使って独り相撲をしているのがわかってきます。

◆同じ感情の裏表

わたしたちは色々な感情を使って、出来事に対してオリジナルのストーリーを体験して経験しますが、ネガティブな感情とポジティブな感情は同じものです。

何か新しいことに挑戦する時、「ワクワクする。でも恐い」「不安。でも楽しみ」と2つの感情を同時に感じられるのは、1つの感情のポジティブな側面とネガティブな側面がクルクルと入れ替わっているからです。

「怒り」に震える時と「喜び」に震える時の高揚感は同じです。

ただ、心で感じる「重さ」がまったく違うので、同じ感情だとわからないのです。

それに気付いた時にある実験をしてみました。

わたしはジェットコースターが大の苦手ですが、実験をするためにテーマパークへ行きました。

ジェットコースターに乗ることはとても恐いのですが、あえて「楽しい‼　ワクワクする！」と言い続けました。

心の中に感情という丸いボールがあって「楽しい！　楽しい！」と言っている間はボールが光り「やっぱり恐い」と少しでも思うと心の中のボールが暗く翳《かげ》ります。そこですかさず「楽しい！」と感情を切り替えるとまた心のボールが光りました。

その時に「やはり、感情は表裏一体なのだ」と知りました。

「置いといて」の実験で感情は置いておけることもわかりました。

たくさんのネガティブな感情を感じるということは、わたしの中にはたくさんのボールがあるんだ、この感情のボールのネガティブな部分だけ手放して、欠けた部分を「平和」、「感謝」、「幸せ」、「楽しい」などの感情で埋めたら良いんだとわかり、実際にトレーニングを始めたのが２０１８年の春ごろからでした。

そこから現実はわたしにとって、とても大切なものになりました。

一人でお皿を洗ったり、掃除をしていても過去のことを思い出したり、未来のことを不安に思ったりと、手放すネガティブな感情は上がってきますが、なによりも現実を見て人と関わる方が感情の振れ幅が全然違うのです。

「静観」というプロセスをしていた時に、自分の感情の使い方がわかるのと同時に相手が現実をどういう感情で使っているのかもわかってきました。

そうしたら苦手だなと思っていた人に対する、わたしの見方が変わってきました。

この人は高圧的だけど、自分の思い通りに人が動くことで自分が認められたと感じるんだな。人よりも優位にたっていると思うことで自分を満たしているんだなと、相手の感情が透けて見える様になりました。

もちろんその時に「何それ？」だの「変な人」だの、わたしにネガティブな感情が上がってくれば手放すことには変わりません。

そうしていると面白いことに苦手だった人はいなくなり、代わりにその人は一生懸命、人生を生きている人になりました。

今は感情の扱い方を知っているので苦手な人、嫌いな人はいませんが、仮にわたしが微かにでもそう思ったら見逃さずに手放していきます。

以前のわたしは会社のシフトで同じ時間に働きたくない人がいました。自分のシフトを確認する前にその人のシフトを確認するくらい嫌いでした。

他にも嫌いとまではいかなくても、会社の飲み会で隣に座って欲しくない人がいたので、なんとかして仲の良い、話しやすい人の側に座れないものかと画策していました。

今はどのような人とでも楽しくいられます。

そして、どんなに少ない感情で生きていたかわかりました。

「感情豊か」という言葉がありますが、本当は豊かではなく、感情のアップダウンが激しくネガティブな感情を細分化して使っていることも知りました。

人に変わってもらおう、自分の思う様に、自分にとって都合の良い様にと計算していた頃とは比べものにならないくらいに気持ちが楽です。

家族や友人は変わっていないのに、わたしは以前とは別世界で生きているようです。

◆すべてが最善だと言い聞かせない

何が起きても「すべてが最善」だという考え方があります。

「最善」という言葉は一見ポジティブで前向きな感じがします。

けれど「すべてが最善だから大丈夫」と言い聞かせていると、大切な人やペットの病気、死別などのあなたにとって「最善ではない出来事」に対して「最善、最善」と思い込もうとして現実と心の乖離《かいり》が起きます。

対岸の火事であれば、わたしにとってすべては「火事が何かの気付きのきっかけになるかもね」「やり直すチャンスだよね」と最善かもしれません。

でも実際に火事にあって家が無くなってしまった人は「最善」でしょうか。

あなたの家が無くなり、大切な人が怪我をしても「最善」でしょうか。

少し難しくなりますが、最善というのは外側、現実に意味を見出しています。「最善じゃない」という思いがあるから「最善」という言葉がでます。

「最善」という言葉を発する時には、あなたにはたくさんの感情が隠れています。

友人との待ち合わせに遅刻をしても「これが最善」。雨が降っても「最善なことが起こった」。

でも本当は「遅刻して申し訳ない」という罪悪感。

雨が降って「がっかり」という落ち込んだ気持ちが隠れています。

「起こるべきことが起こった」も同じです。

家が火事になったあなたに対して「起こるべきことが起こったのよ」と言われたらどう思いますか。

火事になって家を失った人に「起こるべきことが起こったんですよ」とは言えません。

「最善」も「起こるべきことが起こった」もどちらも「現実」という「外側」に意味を見出しているから発する言葉です。

出来事はそれぞれの人の人生の中で、ただ起こっているだけです。

そこには最善も、起こるべきことも起こっていないのです。

ただ、現実という出来事を通して、どのような感情をスパイスとして味わうか、本当にそれだけなのです。

その人の人生はその人のものであり、考え方、価値観は「その人の神聖な領域」だと思っています。

「怒りっぽいのは心の癖だから仕方ない」「わたしは人より繊細すぎる」「お金こそがすべて」。どのような生き方も、その人が精一杯生きている人生です。

相手に変わって欲しいのであれば、まずはあなたがどうしたいのかを考えていきます。

相手の人生には敬意を払い、「わたしはどう生きたいか」本当にそれだけです。

◆「あらそうなのね」と一拍置く

目の前の出来事や感情にのめり込みそうになったら「あら、そうなのね」と一拍置いてください。

これは「目の前の出来事を流すためではなく」、目の前の出来事、他者の舞台に駆け上がろうとするのを止めるためです。

そうしてちゃんと「冷静で落ち着いている状態」を取り戻します。

ここで冷静さを取り戻さないと簡単に相手の言動、相手の感情に引っ張られてあなたはこれまでのように自分を見失ってしまいます。

「あら、そうなのね」と冷静に戻り、相手の舞台に上がらずに、「イライラする」などのネガティブな感情を手放して「平和に戻る♡」と決めて自分のために表現します。

大切なのは、自分（という本当の心の声）に一致していくことです。

自分の心の声に一致していくから心が満足し、自分を取り戻していきます。

人は皆ドラマが大好きです。「あの人にこんなことを言われた」「あの人があなたのことをこんな風に言っていた」「こんな酷いことがあった」。

感情が「出来事」に対して、そこにまるで意味があるかのように思わせて、テレビ以上のドラマを現実の世界で創り出します。

これまでは簡単に人の舞台に上がって一緒にドラマを演じていましたが、「平和」であるためには「舞台の下で演技を眺める観客の気持ち」になります。

そのくらいに引いた意識でいるから、あなたが行動することも、発する言葉も自分に一致していくことができます。

一緒に舞台に上がってわーわー騒いでいては、相手のことが気になり自分の心と向き合うことができないので、発する言葉、行動は衝動的な「エゴ」からのものです。

だからといって「エゴ」が悪い訳ではありません。

◆あなたの中のエゴという存在

「エゴ」はあなたの個性です。

個性は「罪悪感」「無価値感」という感情を自由自在に使います。

「罪悪感」と「無価値感」をエゴが使う理由の1つはあなたを攻撃から守るためです。

けれど、守るという意識は攻撃されるという意識があるから生まれます。

攻撃されるという気持ちがなければ「守る」必要はありません。


例えば、家族や友人からあなたの言動について「そういった態度は大人げない」「正しなさい」と言われると、あなたのエゴはあなたを守るために「わたしは一生懸命頑張っているのだ」「あなたこそ、その言い方はどうか」とあなたを攻撃から守ろうと矢面に立ちます。


仕事でミスしたことを指摘されると「それはわたしじゃなくて、前任者がしたものです」など、あなたが攻撃されないように話をそらしたり、ごまかしたりします。

「エゴが暴走して怒りが止まらない」と感じたことがあるように、エゴはあなたの一部であり、別の人格でもあります。

「無価値感」や「罪悪感」は「わたし」という人格の中の「エゴ」が使う道具だったのです。


でも「エゴ」は外側から攻撃をされる、被害を受けるから「守る」という意識しか持っていません。

だからいつも戦闘態勢です。

攻撃されるから守りたいという意識では、現実という外側に敵を作り続けるだけでなく、同じ力量で自分をも攻撃します。

エゴの持つ「罪悪感」「無価値感」は両刃の剣です。

両面に鋭利な刃を持つ剣は、相手にも大きな打撃を与えますが、同じ様に自分にも打撃を与えます。この剣を振りかざし長い年月、自分を見失い、わたしたちはただ行き先を見失った海に浮かぶ舟のようでした。

「エゴイズム」、利己主義という言葉がありますが、実際のエゴは悪いものではなく、むしろ傷つくのが恐い小さな子供のようです。子供のようなのでインナーチャイルドとも呼ばれています。インナーチャイルドは満たされなかった自分として心の中で存在していると言われています。

わたしからすると本当の心の声の持ち主です。

この声は現実に具現化しなくても満足するとお伝えしたように、自分の声を聞いてくれたことに満足します。ネガティブな感情を振り回して、あなたを護りながら闘うエゴの声を聞くことで、癒やされて満たされていきます。

あなたの声を聞くから、あなたは完全な自己肯定感と自己受容で満たされ、自分を

嫌だ…
羨ましい…
私なんて…
不安…
怖い…
苦しい…
罪悪感
無価値感
エゴ

許していくことができます。

◆心地好い人と過ごす、心地好いことを許す

これまであなたは「お願い！」と言われたらやりたくない事も、気の進まない会合も自分の気持ちをねじ曲げて「お互いさまだから仕方ない」「食事会の間だけ我慢しよう」としていました。

それは、他者に嫌な思いをして欲しくないことが最優先で、自分が我慢することしか知らなかったからです。

「これはどうしても無理だ」という時には断ることもあったと思いますが、断るという「罪悪感」から周囲に相談をしてさらに混乱したり、断られた相手はどんな思いだろうか、と思いを巡らせて、怒られるのではないか、嫌な気持ちになるのではないかと相手の気持ちを勘ぐりすぎてその後関係がギクシャクしてしまったりと、独り相撲を繰り返します。

人は物事に対して一人遊びが得意です。

「わたしどうしたい？」と心に聞いて「無理だな。このお願いは聞けないな」と思え

ば、申し訳ないな、断ったら怒られるかもしれないという「罪悪感」を「もう使わない♡」と手放してあなたは自分のために「無理です」と言えばいいだけです。

あなたの変化に「共感」と「同情」を使ってつき合っていた友人は戸惑うかもしれません。

これまであなたと友人はお互いに愚痴を言い、共感してくれることで満たされていました。

これまでわたしたちは「そんなことを言われたの？　本当に酷いね」と言われて「そうだよね、わたしは悪くないよね」としてもらうことで安心していました。

共感と同調により自分は間違っていない、自分は正しかったのだと自分を正当化していました。

でももう、あなたはそこから抜けていきます。

「人の人生はその人の聖域」であることを知ったのです。

人の人生の舞台に上がり込み、右往左往していたことは誰のためにもならない独り相撲だと知りました。

これまでとは反応の違うあなたに友人は、あなたを自分の舞台に引き上げるために色々と言ってくるかもしれません。

なんとかあなたに同じ舞台に上がって欲しくて、怒りや悲しみを使うかもしれません。

けれど、「共感、同情という関係」で成り立っていたものは、あなたが、「意識のステージ」を変えるので同じ関係性を続けることは難しくなります。

たとえそれが世界一大事な親友でも、大切なパートナーでも同じです。

学生から社会に出たり、結婚をしたり、子供が生まれたりすると自然と友人関係が変わるのはお互いに「生活をするステージ」が変わるためです。

でも、それは「生活のステージ」が学生から社会人に、独身から結婚にと変わるだけなので、ネガティブな感情は持ち続けています。

そのため学生時代、独身、結婚している、子供がいる、いないに拘わらず、「ネガティブな感情」を感じて生活をしていることは変わりませんでした。

今のあなたは「生活のステージ」ではなく「意識のステージ」を変えようとしています。

友達がいなくなってしまうなどの恐怖を手放して、「あなたに不自由さを感じさせる関わり」をやめることを許していきましょう。

あなたの意識が変われば変わるほどあなたの生き方はシンプルになり、未来では今のあなたに「同調」する新しい仲間が集まってきます。

今からあなたはあなたのために生きてください。これまで誰かのために生きていたあなたには最初は難しいかもしれません。

まずは数日、そして数週間、その先で数ヶ月、自分のために、まずは自分を満たすと決めてください。

わたしも、あなたと同じように生き辛く、息苦しさを感じて長い間を過ごしてきました。

ここから先も続く人生です。

一度だけ、自分のために生きてみてください。

その間でダメになる人間関係ならば、この先いつかはダメになります。

あなたが我慢して、犠牲になる上で成り立つ人間関係は必要でしょうか。

先ほどお伝えしたように、人には生きる意識のステージがあります。これは優劣ではなくどれも「その人にとって神聖な人生」です。

近しい意識のステージでないと関わることは不可能です。

ただ、必要以上に「友達がいなくなる」と怖がることはなく、あなたは多角的に物事を見ることができるようになり、自分の感情だけに集中していくので誰とでも楽しく関わることができるようになります。

この先もあなたは「この人はステージが違う」「もう自分には必要のない人」と縁を切る必要はありません。

縁がなくなる時はお互いにとっての卒業を意味しています。

わたしも心と感情を整えるメソッドの基礎とステップを創り上げながら、たくさんの人との卒業式がありましたが、わたしから人との縁を切ったことはありません。

ごく自然にお互いが離れていきました。

でも、ここで、離れたことに意味があるとしないでください。

「あの人が会社をやめたから今がある」など離れたことに意味があるという様に現実に意味を見出してしまうと、簡単に自分の優れた人生にあの人は必要ないなどの優劣が生まれます。

これまでの関係性を完了する、しない、すべての出来事はそれぞれの人の人生の中で起こっている出来事です。

いつも「決めるのはわたし」という意識を忘れないでいてください。

◆験を担ぐという風習

「験《げん》を担ぐ」という風習があります。

「以前の良い結果になったことを、同じ行為をすることで吉兆を願う」こと、
受験の日にはトンカツを食べる。

元旦にはおせち料理を食べる。

それ以外にも日常で今日は大切な会議だからこのスーツを着ていこう、苦手な人と会うからこのお護りをポケットに入れていこうなど、わたしたちの日常は当たり前に験を担いでいます。

そうして、

「験を担いだから成功した、上手く行った」と安堵しますが、このカラクリは験を担いだから成功したのではなく「験を担いだのだから、大丈夫」という安心感から成功し、上手く行ったのです。

実際にわたしも人間関係が苦手な時には「ネガティブなことから守ってくれる石のブレスレット」をして習い事や仕事に行っていました。何かあればブレスレットに「わたしを守ってね」とお願いし、そのブレスレットに依存していました。

でもある時に「わたしはこのブレスレットがないとダメだと思っている」、わたしの人生をブレスレットにまかせて頼っていると感じました。

ある日、わたしとしてここを生きようと思い切ってブレスレットを家に置いて出掛けました。最初の数十分こそ家に取りに帰りたい思いにかられましたが、自分次第で生きる心地好さにすぐに馴染みました。

たとえ落ち込んでも、「感情は着脱可能で、わたしが選ぶ事ができるんだ」と思えばそれ以上感情にのめり込まずに、気持ちを上向けることができます。

何を言われても「舞台には上がらない」と決めていれば、自分から相手の舞台に駆け上がることも、相手に引きずり上げられそうになるのにも踏みとどまることができます。

そしてなりたい自分という誘導灯があるので、なるべく「なりたい自分の状態」を維持していきます。

あなたのなりたい自分が「いつもどっしりと落ち着いた人」ならばその状態を、「平和な自分で生きている人」ならばその状態を1日でどのくらい維持できるか。

なりたい自分を誘導灯にしても、何かあるごとに怒り、イライラし、苦しみ、悲しんで、感情のアップダウンを繰り返していたら本末転倒です。

ちゃんとそのなりたい自分、在りたい自分をいかに維持できるかがポイントです。

◆病気との向き合い方

たとえ病気になっても「平和でいる」と決めます。

わたしたちは**意識を向けた先が心で結晶化していきます**。

試しに今「頭が痛い」と思ってください。

あなたの頭はぼんやりとしてきて、痛みが生み出されていきます。

「気持ちが悪い」と思ってください。

あなたの胃はムカムカして、気持ちが悪くなってきます。

「いつまでも風邪が治り切らない」と思っていると本当に長引いていきます。

わたしたちは自分で病気をも生み出すことができます。

でも、人間は肉体がありますので、無理をすれば風邪などの体調不良は起こります。

その時にも心は平和でいてください。

病気だから辛いのは当然だと思っていれば、あなたは病気になったら「辛い」を経験します。

数年前に子宮を全摘出する手術をしました。

手術に向かう時も、麻酔で眠る瞬間まで平和だけに意識を向けていました。

手術が終わり、たくさんの管に繋がれ寝返りもできない夜も平和でいようと「わたしの心は今平和です」と自分に言い続けました。

入院生活は1週間ほどでしたが、アロマ使用が可能な病院でしたので、アロマの香りでやすらいで、自分と向き合い、充分すぎる睡眠を取り、看護師さんとおしゃべりをしたりと楽しく平和な時間を過ごす中で、手術にたずさわってくれた執刀医、麻酔医、その他の助手の先生、看護師さん、病院を綺麗にしてくれる清掃の方、多くの方に感謝の気持ちが溢れてきました。

「どうしてわたしがこんな目に」「辛い」「苦しい」という感情が心を占めていたら、わたしは自分の中の「感謝」という感情に気付くことはできませんでした。

今も、わたしは苦しい時にもそこに意識を向けずに「平和」でいようと決めています。

「平和」でいるということはどんな強力な薬よりも、「妙薬」です。

すべては自分の中にある

◆生き方の参考書はあなたの手の中にある

自己啓発、生き方の本が今多数出版されています。

「心の病気」と言われる新しい病名もたくさん生まれています。

たくさんの人が自分を見失っているのでしょう。

繊細、敏感、ずっと同じことを悩み続けてしまう、孤立しやすい、人が恐い、気遣いを必要以上にしてしまう、攻撃を受けやすいなど、生き辛さを感じている人は本当にたくさんいます。

わたし自身がそうでしたからよくわかります。

本を開くと、

・繊細な自分とのつき合い方
・気遣いをしすぎてしまう対処法
・こんな理不尽な言葉にはこう返す
・嫌いな人とはこうつき合う
・将来の不安にはこう考えると良い
・自分のポテンシャルの上げ方

などの目次が目に入ります。

わたしもなんとか自分を変えたくてこれらの本を読んだこともあります。

けれど、どのような本を読んでも現実を生きる途中で混乱してくるのです。

こんな時はこう対応して、こう返答して、こう考えると気持ちが楽で、とたくさんの引き出しを頭の中に作り、現実世界の中でも本のアドバイス通りに生きようとしていました。

けれど、本の内容をすべて覚えられるはずもなく、本に書いていない出来事が起こった時にはどうしたら良いのかわからなくなり、心と現実が乖離を起こしてどんどん混乱していきました。

わたしは、自分を変えることを勘違いして「自分ではないものになろう」としていたから苦しくなっていたのです。

「誰かを見てうらやましいなって思ったら、次はわたしがそれをする番だ！　って決める」という言葉がありました。

その考え方はもちろん嫉妬をして嫌みを言ったりするよりはよほど健全です。

でも、バリキャリの有能な友人を見て、専業主婦のあなたが「次はわたしの番だ！」無理な話です。

海外旅行にたくさん行く知り合いを見て「次はわたしの番だから！」はあなたが普通の会社員なら無理でしょう。

ということは、自分を奮起させるような、無理に自分を言いくるめて安心させるようなことではないのです。

さらに「次はわたしの番だから！」と思っていると、相手への対抗心も育っていきます。

その頃のわたしは自分の感情を手放すことを知らなかったので「理想の自分になったら、きっと毎日嫌なこともなく楽しく過ごせるはずだ」と思って焦っていました。

わたしは小さな頃からお母さんになるのが夢でした。だから子供が欲しかったのです。でも、もともと子宮と卵巣が弱くて最終的には全摘出になりました。

友人に赤ちゃんが出来て「いいな、うらやましい」でも「次はわたしの番だから！」はわたしには現実的に無理なことです。

その頃、「今の自分がどんな自分でも丸ごと大好き」「ネガティブな自分でも、そんなわたしも丸ごと大丈夫」「自分を1番大切な存在として可愛がってあげる」と、たくさんの言葉を自分にかけました。

でもそんな言葉では変われないほど、わたしは悲しみの感情にまみれていました。

長い迷走を繰り返してやっとわかったのは、ネガティブな感情を持ったままでは、どんなに性格を塗り替えたくても塗り変わらないということでした。

そして、同じ頃にネガティブな感情が着脱可能ということもわかりました。

だから「うらやましい」「どうしてわたしには赤ちゃんが出来ないのだろう」というたくさんの感情を落ち着いて、冷静な気持ちで現実と感情にのめり込まないように、「もうこの感情は使わない♡」「わたしは平和に、感謝に戻るんだ」と丁寧に手放していきました。

そうしているうちにだんだんと本当の気持ちが見えてきました。欲しかったのは子供ではなく、自分の居場所だったのです。

子供に愛されることで自分の存在価値が欲しかった、無条件で愛されたかった自分に気付き、すべてが腑に落ちました。

今はワークショップやセッションで会う方々すべてを、自分の子供のように思えます。

こう考えたら楽になれるではなく、本当はただネガティブな感情を手放して行けば自然になりたい自分へ変わっていけるのです。

新しい「心の病気の名前」もたくさん生まれています。

でも、あなたが「わたしはこういう病気だから仕方ないんだ」「わたしは人より繊細だから、敏感だから仕方ない」と決めてしまえば、あなたの可能性は閉じてしまいます。

あなたの可能性を狭めないでください。

あなたが決めればどのようなネガティブな感情も手放すことが可能です。

あなたが感情の主導権を握るから使う感情を選ぶことができるのです。

◆映画やドラマを使って感情を手放していく

日々、静観して自分の感情に気付いて手放し、自分のために表現することはもちろんですが、わたしは早くネガティブな感情から自由になりたかったので「映画やドラマ」を利用しました。

これまでは主人公になりきって、キュンとしたりライバルに怒ったり登場人物と同化していましたが、「これはドラマを見るためではなく、感情に気付いて手放すため」と絶対に舞台に上がらないと決めました。

わたしには家族がいますが、まずは自分のネガティブな感情を手放すことが目標でしたから素直に「わたしはネガティブな感情を手放したいからこの映画を見ますので、わたしが泣いても怒っても放っておいてください」と伝えました。

そうしてただ、感情を手放すためだけに静観してドラマを見ます。主人公をいじめるライバルのあざとさを見て「イラッ」としたものを手放し、もう使わないと決める。主人公の相手役の優柔不断さに「イラッ」としたらまた手放す。

そしてちゃんと「平和」に戻って続きを見るということを繰り返していたら、そのうち、これまでは主人公しか見えなかったのに、脇役と言われる人たちの心の動きまでが見えてきました。

「このライバルは本当に主人公の相手役が好きなんだな、でも主人公に嫉妬しているからこういうあざとい行動に出るしかなかったんだ」

「主人公の相手役は優柔不断なんじゃなくて、人を傷つけてしまうという罪悪感があるんだ、だからどちらにも良い顔しちゃうんだ」などのドラマの内容とは違う側面が見えてきました。人の感情のカラクリがわかりはじめたのです。

現実ではあなたが主人公の舞台になるので、どうしても現実にのみ込まれそうになります。一見、皆同じ舞台にいるようですが、どの瞬間も人はそれぞれ違う舞台のストーリーの中で生きています。

ですから、あなたは自分の舞台にだけ責任を持てば良いのです。

◆落ち着いている時にもネガティブな感情になる？

あなたが落ち着いている状態はどんな状態でしょうか。わたしは、現実の中で1人用の薄い柔らかいカプセルに入っている感覚です。

その状態でワークショップもしますし、セッションも行います。

買い物も行きますし、家事もします。今はもう一日中落ち着いている、冷静でいる状態から外れることはほとんどないです。だからいつもリラックスしています。

「薄いカプセルの状態でいれば、ネガティブな感情になることはありませんか？」と聞かれますがそんなことはありません。

ただ感じ方が違うのです。

落ち着いていない状態のネガティブな感情は「頭にきた！」「辛い」「不安」「恐い」など言語化できます。

でも落ち着いている時には、胃やみぞおち、心臓、頭などがザワザワと重たい不快を感じます。

「息が苦しいような」、「胃を掴まれるような」、「頭が締め付けられるような」、感じ方は様々ですが、言葉にならない気持ちの悪い感覚です。

ネガティブな感情は言語化しない状態で手放すことが基本です。

「落ち着いていない」、つまり現実という舞台にどっぷりと浸かっているから感情が言葉になります。

身体が緊張していては、手放すことはできません。

だからいつも、まずは落ち着いて冷静でいることが大切です。

喩えるなら「北風と太陽」です。北風と太陽が旅人のコートを脱がすことができるかと勝ち負けを競った童話をご存じですか。

北風は強く旅人に風を吹きかけコートを脱がそうとしました。旅人は身体に力をこめて、コートがはだけないようにとしっかり握り身体も緊張し、コートを脱ぐことはありませんでした。

反対に太陽は何もしないで、ただ旅人をあたたかく照らしました。

身体があたたかくなり、緊張は緩み、旅人は自ら着ているコートを脱ぐというお話です。

身体が緊張していては、コート（感情）は手放せない、日だまりにいるようなあたたかい気持ちになるからこそ、コート（感情）は手放せる。

わたしは感情を手放す時によくこの童話を思い出します。

リラックスして落ち着いて日だまりにいるような気持ちで感情を手放していくことが大切です。

リラックスしている感覚は、以前は大好きな風景の中にいる自分をイメージしていました。

人は誰でも、自分の大好きな景色の中に身を置いているとリラックスします。

初めての一人旅で向かった宮古島の青い海を目の前に白い砂浜に座っている時の感覚はリラックスして平和そのものでした。

普通の生活を送りながら、気持ちがソワソワし始めたら深呼吸をしたり、海のさざ波の音をＹｏｕＴｕｂｅで聞いたりしてリラックスを取り戻しました。

わたしたちは何事にも馴染むものです。

「ネガティブな感情でいる方が楽で、ポジティブでいるのは難しい」のはネガティブでいることに馴染んでしまっただけです。

でも、ネガティブでいる状態は重苦しく居心地悪く感じ、息も浅くなります。

もし、ネガティブな感情が本当にあなたのものならば気持ち悪くないはずです。

わたしはもうネガティブな感情というものを強く感じることはできません。

本当に時々、ズレてしまったと思ってもすぐに落ち着いた状態に戻ります。

いつも思うのは皆さんは問題を創り過ぎだということ。

「いろいろある」「大変なことが起こった」と言いますが、それが遺産相続の骨肉の争いでも、子供の離婚でも、家族の病気でも、それは問題ではないのです。

あなたが問題だとするから問題として結晶化します。

問題だと思うからネガティブな感情が出てきます。

問題ではなく、「対処する」という気持ちで向き合うととても楽です。

◆先走ってストーリーを創らない

苦手なAさんから電話の着信があったら、あなたは瞬時に身構えるでしょう。

そうして、最近の出来事があなたの頭を駆け巡ります。

仕事のミスか、それともAさんの悪口を同僚に言っていたことがバレたのか、それとも、またいつものように理不尽なことを言われるのではないか、とあなたは心が落ち着きません。

そして、冷や汗が流れ、心臓はドキドキして、もう落ち着いて冷静でなんてどこかへいってしまいます。でも、もしかしたらAさんはあなたに明日の待ち合わせの確認がしたいのかもしれません。

苦手な人が関わる時は、ほとんどが「思い込み」でネガティブな想像に偏ります。

これを「早合点」「早とちり」と言います。

相手から何も言われていないのに先走ってストーリーを創り、右往左往して大騒ぎをしてしまいます。


あなたに罪悪感があれば、まったく関係ないことを他者が話そうとすると、瞬時に罪悪感からストーリーを創ります。

起こってもいないこと、言われてもいないことを先走ってストーリーを創り、あれこれ考えて右往左往しないだけでも、余分な体力を使わないので疲れなくなります。

落ち着いて、冷静に相手の言動を見聞きして、ネガティブな感情は手放して、わたしのために表現をすれば良いのです。

あなたが怒り、苦しみ、相手をコントロールしたい思いを手放して、平和という心から「自分のため」にただ表現しさえすれば、あとは相手が「軽んじられた」、「見下された」、「こんなことを言われた」と言っても関係ありません。

「相手の感情」まで責任を持つ必要はないのです。

今まではそこにまで責任を持とうと相手の顔色を見て、相手が傷つかないようにと気を使っていたからあなたはヘトヘトになってしまったのです。

あなたが変わるためにはたくさんの本を読みそれに沿うことでも、色々なセミナーに行くことでもなく、「変わると決める」。


あなたを変えることが出来るのはあなただけです。

◆心を整えて自分自身に対して最高のアプローチをする

今わたしは心と感情を整える「セルフ　アウェイク」というワークショップを数多く開催しています。

わたしは心と感情を整える手法には未知の可能性があると思っています。

☆マインド：平和で落ち着いた心。自己肯定。自己受容。多角的な視点。他者への尊敬と敬意。本当の心の望みを知る。ブレない平和な自分軸。

☆コミュニケーション：他者の生き方に敬意と祝福。風通しの良い関係。多角的な視点。人間関係の軋轢や摩擦《まさつ》ストレスの消滅。円滑なコミュニケーション。

☆ビジネス：ひらめき。高いパフォーマンス。ストレスの消滅。コミュニケーションスキルの向上。自己肯定。

☆スポーツ：高いパフォーマンス。高い自己肯定。今この瞬間に意識を向ける。

☆医療：自己責任。死の恐怖の消滅。ストレスの消滅。

など人生のすべてを網羅します。

さらに自分で気付くことで、しっかりと腑に落ちます。頭で理解するだけではなく、ちゃんと腹落ちしてこそ血肉になり、ブレない揺れない平和な自分軸が形成されていきます。

現実ではたくさんの人がいて、たくさんの考え方があります。1つの出来事に対してもものの見方は様々です。

発言や物言いの強い人もいます。だから「自分はどうしたいのか」という軸が大切です。

わたしは誰に何を言われても「こう在ることが幸せです」という軸が形成されれば、目の前にどのような人がいても、何を言っていても平和でいることができます。

けれど、焦り、不安、恐怖、嫉妬などの感情があなたの中に渦巻いていれば、簡単に足をすくわれてしまいます。

今の時代、多くの人が不安や恐怖を抱えて生きています。

その大きな重たい感情を抱えたまま、「どうしよう、どうしよう」と動き回り、どこかに自分を救ってくれるツールや、救世主がいないかと彷徨《さまよ》います。

本当は着脱可能なネガティブな感情だけを手放していけば解決します。

将来への不安を抱えている人も多いでしょう。

わたしは将来への不安はありません。不安を抱えていても現状は変わらないからです。

どのようになっても、その時にちゃんと自分でどうしたいか決めればいいだけです。

自分を信頼するのはとても大切です。

今ここで自分を信頼すると、この瞬間を存分に生きられるようになります。

朝起きる時は「幸せー」と声に出して起きてみてください。

1日何回も「幸せー」と心の中で言ってみてください。

伸び伸びとリラックスしている状態で生活をしていきましょう。

◆落ち着いて冷静でいるためにいくつかの方法をお伝えします

冷静で落ち着いてリラックスするには深呼吸などいろいろあります。

わたしが実際に行った方法を3つお伝えします。

1つ目は大好きな風景を思い出してその景色の中にあなたがいると想像します。

写真やYouTubeでもなんでも良いので大好きな風景の大好きなお気に入

りポイントに身を置いて「気持ちの良い感覚」になります。これがあなたの落ち着いてリラックスしている心の状態です。

もう1つは、目の前に階段をイメージして、その階段を深呼吸しながらゆっくりと踏みしめながら降りていきます。緊張すると息が浅くなり、身体もフワフワとしてしまいます。階段を降りることで気持ちが落ち着いてきます。

わたしは5段くらいから始めて、4、3、2、1、ゼロと1段ずつしっかり踏みしめながら降ります。この方法は心がどっしりとしてとても気持ちが落ち着く好きな方法です。

最後は、現実に何かがあると自分に意識を集中できないので、あえて現実ではなく、自分の周りを透明にして光しかない空間をイメージします。その光だけの空間で、ゆっくりと歩いて気持ちを落ち着かせていきます。

実際に身体を使っても良いですし、想像の中で行うのでもどちらでも大丈夫です。

大切なのはやり方ではなくて、「冷静で落ち着いてリラックス」している状態を心に覚えてもらうことです。

毎日していれば、だんだん慣れてきて一日中冷静で落ち着いていられるようになります。

落ち着いている心で生活を行うのは、出来事や周りや自分の感情に振り回されないのでとても心が楽です。

あなたの方法で良いのでいろいろ試してみてください。

◆現実の世界で舵を取っていく

今のわたしには自分以外見るものはありません。けれど現実の中で、もちろんわたしもたくさんの人と関わって生きています。

仕事をするチームはもちろん、家族、日常的な買い物、同じマンションの住民の人たち、挙げたらキリがありません。その中でわたしは「平和」で在り続けるという軸をブレさせたことはありません。

余談ですが、ある時、わたしの友人から友人を繋いでいったら、世界中の人と繋がるかもと思ったことがありました。

その時、本当にこの世界が1つに見えました。

「幸せだな」と心から思いました。

あなたも近い将来には何がなくとも、何もなくても「幸せで、豊かな世界」は心の中にあったと気付きます。

自分の中の幸せ、豊かさに気付くから、現実という外側も幸せで豊かに見えます。

お金があるから幸せ、無いから不幸ではなくて、すべて揃っているから幸せではなく、自分を幸せにできるのは自分だけなのです。

毎日わたしたちは選択の中で生きています。これまで曖昧にしていたことにも、ちゃんと自分が選び取っていくと決めていきます。

一人旅でホテルに宿泊していると朝食が付きますが、「生き方を曖昧にしない」と決めた時に、それまでは「朝食も宿泊代のうち」と、当たり前に朝食を食べていることに気付きました。

そして、その日から「わたしはどうしたい」とちゃんと聞いて、ゆっくりしたい時には朝食を食べずに部屋でのんびりすることも多くなりました。

以前、朝食も宿泊代のうちだから食べるのが当たり前としていた頃は、食べないと損だと思っていたのに、今は「わたしがそう決めた」という清々しい気持ちで平和に部屋にいます。

「当たり前」なんてものはなく、なんでも自分でちゃんと決めるのです。

◆あなたが主導権を握る生き方へ

現実と感情のカラクリを知ると、これまでの出来事が面白いようにひも解かれていきます。

両親とのこと、兄妹とのこと、学生時代、会社員時代、恋人との関係、出来事に対して色々な感情を楽しみたかったから、あなたは物事に意味を見出していました。

それはあなただけではなく、世界中の人がそうだったのです。そして今もそうです。芸能人のスキャンダルも、町内の火事も、誰かが会議に遅刻してくるのも、上司が部下に怒鳴りつけているのも、友人の結婚も、あなたの離婚も出来事は起こっています。

けれど、どのようなスパイスで味付けをするかは、それぞれの自由です。

心と感情を整えると、あなたの意識が変わります。

いつもブランド品と、彼氏と、高級レストランの話ばかりをしている友人に、あなたは「マウンティングされている、自慢されている」と思っていますが、意識が変わると、ブランドのバッグを買った。彼氏と高級レストランに行ったという、「ただの状況説明」になります。

もっと意識が変わると「話している、声がする」と捉えるようになります。あなたの「うらやましい、見下されている」という感情が無くなるからです。ネガティブな感情を手放す過程で「わたしはブランド品よりも使いやすいかばんが好きだな。高級レストランより、彼と家でのんびりしているのが好きだな」と自分の本当の気持ちもわかってきます。

ですから「マウンティング、自慢だ」と思って聞いていたことに対して、ただ「そうなのね」と思えるようになります。

気持ちはざわつかないし、自分のことはわかるし、ネガティブな想像もなくなるし、心と感情を整えていくことであなたが心底楽に生きられるようになります。

◆意識が変わるから現実が変わる

心と感情を整えるとあなたの意識が変わります。

目の前で言い合いをしている同僚がいて、これまでだったら仲裁に入っていたのに、その言い合いは、彼らの中で必要な出来事なのだと思えるようになります。

不快感があれば、あなたが手放して平和に戻るだけです。

現実で起こる出来事は、みながそれぞれの人生を送っているので変わりません。でもあなたの意識が変わるから現実が変わったように思えます。

これまで現実に一喜一憂していたことにブレなくなってきた自分に気付いたら、「わたしはちゃんと変わっている」と認めてください。小さくても良いのです。ちゃんと自分の変化を認めてあげてください。

そうして、まるでゲームのように楽しみながら心と感情を整えてください。

居心地の悪い感情を手放して、平和になったらその平和な時間を長くしていきます。そこを意識しないと感情のアップダウンを繰り返して苦しくなってしまいます。

わたしは今は初対面の人に会う時はもちろん、母親に会う時でさえ自分をしっかりと見ています。

平和な心の状態はブレることなく続いていますが、もっと平和になっていきたいからです。

「自分を見る」という意識でいつもいるので、誰かに何かを言われても、どんなことが目の前で展開されても揺れることはありません。それは自分とは関係なく関わる人たちの中での出来事、解決することだと知っているからです。

そしてたくさんのネガティブな感情を手放していくので、より一層感情のカラクリがわかり、他者を愛しく思えるようになります。

現実は、出来事を見て、誰にはばかることもなく感情を自由に感じることができる豊かな世界なのです。

◆平和でいることで小さな世界が大きくなっていく

意識が変わるから見る世界が変わります。

これまで一片しか見えていなかったものが、多方から見える様になると、世界が広がり面白くなります。

人は、意識を向けた世界にだけ生きることができます。

いつも仕事に意識を向けていれば休日も仕事のことを考え続け、仕事とは関係のない友人や家族、誰といても、遊園地でもキャンプをしていても、あなたは身体がそこにあるだけで、意識はずっと仕事をしています。

同じ様に、嫌いな人のことをずっと考えていれば、その嫌いな人は一日中あなたの目の前に存在し続けます。

過去にしがみついていれば、ずっと過去で生き続けることができます。

そんな生き方はとてももったいない、それこそ人生の無駄遣いです。

あなたは今を存分に生きるために生まれてきたのです。

過去や今目の前で繰り広げられていない世界、ましてや架空の世界を漫然と生きるためではありません。

しっかりと現実を見て、ここで生きてください。

あなたの目の前に広がる世界にはたくさんの人があなたと共に生きています。都会の喧噪と美しい自然もあります。

ネガティブな感情という現実を曇らすものを手放した先であなたは、鮮明な色鮮やかな本当の世界を見るでしょう。

誰にもあなたの人生の舵を渡さないでください。あなたが自分を生きるから、あなたと時間を共にする人たちも幸せになります。

本当の自由とは、好き勝手にどこかへ行ったり、やりたいことしかしないということではなく、今この瞬間を存分に悔いなく生きることです。そして、意識はどこまでも広がり、この世界の多様性に気付き楽しむことです。

心をがんじがらめにしている「制限」を解いて、心が伸びやかになることが大切です。

手放すのは感情だけ。決めるのはあなたです。
変わるのはあなたです。
口角を上げて、少し上を見て深呼吸をしましょう。
今日も史上最高のあなたを生きてください。

内山エナ
OL、専業主婦を経て普通の生活から統合に出会う。
自ら実践し試行錯誤しながら目醒めた人生を体現する。
だれでも簡単に覚醒する目醒めへのステップを確立し
現在は人々を目醒めへと導くリーダーへ。
彼女の元には10代から80代とあらゆる世代が集い、
彼女の親身でわかりやすい指導により、
目醒めの人生を歩み始めている人々が続出している。

変わる勇気
~見失った心を取り戻す~

第一刷　2021年3月31日

著者　内山エナ

発行人　石井健資
発行所　株式会社ヒカルランド
〒162-0821 東京都新宿区津久戸町3-11 TH1ビル6F
電話 03-6265-0852　ファックス 03-6265-0853
http://www.hikaruland.co.jp　info@hikaruland.co.jp
振替　00180-8-496587

本文・カバー・製本　中央精版印刷株式会社
DTP　株式会社キャップス
編集担当　河村由夏

ISBN978-4-86471-985-8

あなたが目醒め愛と調和をもたらして地球と宇宙のすべてを平和へと導いてください。
2021年4月より皆様にお会いできますことを心から楽しみにしています。
いつもありがとうございます。

内山エナ

内山エナポータルサイトはこちら
https://uchiyama-ena.com/

神楽坂♥《ハート》散歩
ヒカルランドパーク

【超特急】セルフ・アウェイク 統合 エンライトメント（覚醒）
～あなたを超特急で目醒め・覚醒へと導きます～

講師：内山エナ

こんにちは内山エナです。

この度、わたしがお伝えしているメソッド「セルフ・アウェイク 統合エンライトメント」クラスを開催させていただく運びとなりました。

このクラスでは最速で覚醒、悟りを得ていきます。

過去のように何時間も瞑想するのでも、苦しい修行でもなく、日常を使ってステップを上がりながら覚醒をして、その先へと意識進化を起こしていきます。

宇宙元年である2021年は宇宙から無条件の愛の風が吹き、わたしたちを統合された意識へと導きます。

統合とは「統合された唯一のワンネスの意識、つまりすべての命の源である創造主の意識へと戻ること」です。

ここには具現化、引き寄せなどはなく、ただ壮大な意識で躍動しながら在り続けています。

人間の感情、出来事のカラクリを知り、自分の足で３次元を抜けて５次元以上の意識で肉体を持ち生きていく楽しさは人間として生きていた時の比ではありません。

皆様が３次元意識を抜けて５次元意識へ向かうための通過点である地球を取り巻く爆風の外までガイドをさせていただきます。

爆風の外にはあなたの人生史上に見たことがない愛の世界が広がっています。

このクラスは、自分自身を探求されている方。ご自身で統合を起こし行き詰まりを感じている方。悟り、真理を得たい方。愛、調和、感謝など人知を超越した意識を求めている方。神との対話を求めている方など、ご自身を高めたい方ならどなたにでもご参加いただけます。

携帯アプリを使う

携帯電話のアプリでラジオを聴く方法

①iOS（iPhone など）は左の QR コード、アンドロイド携帯は右の QR コードから Voicy 専用アプリにアクセスします

App Store からダウンロード　iOS

Google Play で手に入れよう　Android

②「Voicy」アプリをダウンロード（インストール）します

③「イッテルラジオ」で検索すると番組が出てきます
フォローすると更新情報が表示されて視聴しやすくなります

フォローしてくれると
石井社長が
泣いてよろこぶよ

検索バーで
「イッテルラジオ」
を探してみてね

リスナーさんからのコメントや質問も大歓迎! 毎朝8:00に「イッテルラジオ」でお会いしましょう♪

STEP 1
Self Awakening
エナの超シンプルな生き方
自分に一致して生きる
Uchiyama Ena
内山エナ
自分に一致する音声ワーク付き
目醒めを特別なものだと思っていませんか？
目醒めや悟りは特別なものではなく誰でも必ず
自然に起きるのです。
ヒカルランド

ヒカルランド　好評既刊！

地上の星☆ヒカルランド　銀河より届く愛と叡智の宅配便

Self Awakening
エナの超シンプルな生き方　STEP 2
〜悟り〜その先の真実へ〜
著者：内山エナ
四六ソフト　本体 1,700円+税

ヒカルランド　好評既刊！

地上の星☆ヒカルランド　銀河より届く愛と叡智の宅配便

アシュタール宇宙船内セッション
著者：並木良和／穴口恵子／テリー・サイモンズ
四六ソフト　本体 1,800円+税

スターシードTheバイブル
あなたは宇宙から来た魂
著者：akiko
監修：市村よしなり
四六ソフト　本体 1,700円+税

魂のブループリントノート
７週間で自分本来のパワーを目覚めさせる
著者：エルアシュール
Ａ５ハード　本体 2,200円+税

奇跡のエンジェルコンタクト
あなたの守護天使とつながるための35章
著者：ローナ・バーン
訳者：愛知ソニア
四六ソフト　本体 2,500円+税

ホリスティック医学×胎内記憶
エドガー・ケイシーの未来育児
著者：光田 秀／池川 明
四六ハード　本体 2,000円+税

レムリアの王 アルタザールの伝説
よみがえる地球歴史の欠片
著者：ソララ（Solara）
推薦：エリザベス・キューブラー＝ロス博士
訳者：Nogi
四六ソフト　本体 3,000円+税